Bremische Schmunzelgeschichten
Band 4

Segg eenfach »Moiin!«

NORD

Ernst B. R. Dünnbier

Bremische Schmunzelgeschichten

Segg eenfach »Moiin!«

– und auf dem »Palaverdeck« wird beim »Rees an Bord« das Bremer- und Weltgeschehen erklärt …

Mit Illustrationen von Margret Rink

Edition Falkenberg

Abbildung auf dem Umschlag:
Ernst B. R. Dünnbier

Bildnachweis:
Die Illustrationen stammen aus der Feder von Margret Rink, die uns freundlicherweise Ihre Genehmigung für den Abdruck erteilt hat.

Alle übrigen Abbildungen stammen aus dem Archiv des Autors.

1. Auflage 2015

Bgm.-Spitta-Allee 31, 38329 Bremen

produktsicherheit@edition-falkenberg.de

ISBN 978-3-95494-063-9
www.edition-falkenberg.de

Inhaltsverzeichnis

Prolog

»Wat schall dat denn?« – »Wat mag dat sien?«
– Man blättert's durch, – legt's wieder hin:

Das zum »Thema« sie hinführe,
ist »Prolog«, die »Ouvertüre«,
soll zum »Inhalt« etwas sagen,
– und wird meistens überschlagen!

Manchmal könnt es schon passieren,
dass sich »Leser« interessieren
und vorab erfahren wollen,
– was als Inhalt hätt sein sollen!

Anderenfalls ist nachzulesen,
was der »Anlass« wär gewesen;
wieviel dieser »Literat«
dazu auszusagen hat!

Auch ein »Nachwort« könnt erklären,
was des »Dichters« Begehren
war; warum er's aufgeschrieben,
– doch auch das wird totgeschwiegen!

Jedoch ein Trost bleibt immer noch:
»Doh wat Du wullt, – de Lüüd snackt doch!«

»Rees an Bord«

Op Seemanns Oort
is »Rees an Bord«
ohn Hick un Hack
een deftig Snack!

Frischweg un kühn
vertell ick wat
mit Achtersinn
hochdüütsch un platt;
Lütt beten prühn
von dit un dat!

Bin keen Schienfatt
mit Lüchtenschien;
un'n Snackewatt
draff ick woll sein!

Hüün un perdüün
of dröög or natt,
watt ick so tüün,
is schier un glatt!
Dat's mien Bemühn, –
denn biste platt!

Segg eenfach »MOIIN«!

Norddütsch Gröten klingt meist kort,
dorto bruukt sei blots een Wort:
sei bemööt sick schlicht mit »Moiin!«; -
nich, wiel sei dat Reden scheu'n.

Denn hier an de Waterkant
meent mit »Moiin!« wi allerhand,
steiht ok för dat »Tsieh, wo geiht?«,
wenn dat Weddersehn ein' freut.

Of een kommt or Affscheed nimmt:
Gode Wunsch, de jümmers stimmt
»Moiin!« fröhmorgens um Klock acht,
liekers meern ok in de Nacht.

Is di mol för mehr to moot,
meenst du wat besünners good,
segg »Moiin – Moiin!«, wiel alle Welt
die för'n fründlich Minschen hölt.

»MOIIN MOIIN«!

»Moiin – moiin« heißt's bei uns an der Küste
Als ob nicht jedermann es wüsste.
»Moiin – moiin« hat sich bestens bewährt,
damit machst Du nie was verkehrt!
»Moiin – moiin« kann zu allen Gezeiten
die freundliche Grußform bestreiten,
egal ob es früh oder spät,
weil's mit »Moiin – moiin« am besten geht!

Ick begröööt Jo alltosaam: »Ick öwer mi«

un ERNST DÜNNBIER is mien Naam!

Ich schall vondaag Jo wat vertelln!
drum nötig is't vör mi vortostelln:

Dat bremisch allens richtig löppt,
wurd ick mit Werserwater döppt.
Opwussen as een Bremer Jung,
bin ick wat plietsch, mit locker Tung!

Doch dat alleen is woll nich noog:
as Tagenbaren gelt ick ok,
snack hochdütsch, missingsch, oftmals platt;
bin Versmoker un Snackewatt,
de daarto woll wat seggen kann –
so nah den Sprook: »Mok du dat man!«

Wat rutklamüstern mutt ick schon,
denn annerswatt blifft't blots Eendoon!
Wat ick so bring, schall amiseern,
schall ünnerholn un verlusteern,
wieldat – so manch begängig Woort
verwiest op bremisch Eegenoort!

Als Programm-Ansage: »Rees an Bord«

Schon bei der Programm-Ansage
stell ich mich der Hörer-Frage:
»Wie soll das hier vor sich gehen?
können alle das verstehen?
Lässt sich »Seefahrt« denn erklären,
ohne »Qittjes« abzuwehren?« – -

Maritime
Woche an der Weser

In »bremischer Zweisprachigkeit«

auf hochdeutsch un »in platt«
zusammengestellt für Bremer Maritime Woche als:

2011 Sprachkurs für Fortgeschrittene
2012 Vertell us wat von Bremer Oort, Habenarbeit un Seeschippsfohrt
2013 Dreimal ist Bremer Recht
2014 De »Rees an Bord« is Seemanns Snack mit Zwiebacksbrot un Kautobak

»Plattdütsch is in!«

Wat een op plattdütsch seggen kann,
kummt allwiel ok bestens an!
So, as de Öllern us dat liehrt,
sind kloore Wöör nienich verkehrt!
Wat een mit goden Willen deiht,
as eenfach Spraak to Harten geiht!

So is us Reedwies seker Hort,
Ursaak för mennich Redensort!-
Wo Minschen wortlos sick verstohn,
dat Teel anstrewen voll Vertroon,
gemeensam gohn dör dünn und dick
un sick nich störn an Knick un Rick,
gifft dat för jem keen Hindernis,
weil ehrlich all ehr Möhen is!

So, as wi't seggt, is't ehrenriek,
is't eernsthaft un vull Höög togliek!
»Plattdütsch is in!« – Wi snackt dat geern,
wulln Anner daarto anemeern!
Klingt's basch, is dat doch klor un fien:
»So weer't, -- so is't, -- so schall dat sien!«

Doppelwirkung

Durch Beispiele wird aufgezeigt,
wie Doppelwirkung wird erreicht:
Zweisprachigkeit bietet sich an;
die muss zwar nicht, jedoch – sie kann!
Nach dem hochdeutschen Augenschein
darf's Gegenstück auf plattdeutsch sein!

Hochdütsch verklort oftiens den Sinn
un wiest op Eenzelheeten hin!
Doch Plattdütsch sorgt, as elkeen weet,
allwiel för'n achtbaar Ünnerscheed!
De Bremer hören ok woll geern,
wenn beede Spraaken mengeleern!

Bremer Originalität
zur Eigenständigkeit gerät!
Wie grade man artikuliert,
hat's Sprachenforscher imponiert:
Hochdeutsch und Platt zu gleichem Part,
das gilt als Bremer Eigenart!

De Riemelmaker markt sick dat,
schrifft hochdütsch just so as ok platt;
hei meent, solk Thema is't woll wert,
dat hei't verschillig kummenteert!
Op beede Aart blifft dat Eendoon,
un so mag't lang noch wieter gohn!

»Tach auch!« – »Wie geht's?«

»Tach auch!« – grüßt man in Bremen!
Wann immer wir's vernehmen
von Freunden und Bekannten,
Nachbarn und Anverwandten,
heißt's, dass wir uns wohl schätzen,
– auch wenn wir vorbeihetzen! =

Dies freundliche Begrüßen
nur ungern wir vermissen;
auf knappe Form zu bringen,
kann es uns so gelingen,
Beachtung zu bezeugen,
– einander zu beäugen! =

»Wie geht's?«, brauchst Du nicht fragen,
musst einfach »Tach auch!« sagen,
verzögern leicht die Schritte!
Wirst, wie's in Bremen Sitte
die Hand zum Gruss erheben
– und eilends weiter streben…

Begrüßungsfloskeln

Zu Bremen passt gar kein »ALAAF!«
der Bremer ist dafür zu brav! –

Doch schreit mal einer laut »HELAU!«,
dann wird dem Bremer richtig flau! –

Auch wär »AHOI!« nicht angebracht,
weil'n echter Seemann drüber lacht! –

Kommt einer bayrisch mit »Grüß GOTT!«,
macht Hanseaten das nicht flott! –

Und »HUMMEL!« mögen wir auch nicht,
der Bremer hat kein Morsgesicht! –

Das oft gehörte Wort »HALLO!«
ist überflüssig ebenso! –

Wie man in Bremen sich begrüßt,
im Grunde doch ganz einfach ist:
Das »TACH AUCH!« gilt als Freundlichkeit
bei bremischer Bescheidenheit! –

Doch meist sagen wir einfach »MOIIN!«,
wenn wir uns der Begegnung freun! –

Of groff orrer fien: op platt mutt dat sein!

Us Heimat is de Waterkant
mit Wattenmeer un Nordseestrand,
mit Tidengang bi Ebb un Floot;
mit Seilscheep un ok Fischerboot! –
Hoog över Kimm lücht us von fern
as good Richtwies de Noorden-Steern!
Dat Water kummt, dat Water geiht,
– is Utdruck von Ahnennlichkeit! – – –

Ok Masch un Geest is norddütsch Land
just so as Feen un Heidesand!
För Wanderslüüd een moii Rebeet,
wo meist een stebig Westwind weht!
De Zuckerröben und Backtorf,
Binsengeflecht un Weidenkorv
sind Produkten, die Een dor schafft,
– wo'n Oss wie'n echtet Rindviech gafft. – – -

Alltied bewohrn us plattdütsch Spraak
is mehr als blots nur Ehrensaak!
dat is een Opdrag von Gewicht
un blifft för us een Börgerplicht! –
So schullen wi us nich scheneern
un fudderhen plattdütsch parleern
grad so, as uns de Snuten steiht;
– ok wenn't towielen basch togeiht!

...überall in nordeutschen Landen ist's Sprachgut noch vorhanden...

Es muss wohl am Klima liegen:
Eigenständig und gediegen,
freiheitsliebend, unbezwungen,
– Schleswig-Holstein meerumschlungen; -
Niedersachsen, Insulanen,
Ostfriesen und Hanseaten,
überall in norddeutsch Landen
ist's als Sprachgut noch vorhanden!
Und man fördert das Bestreben,
plattdeutsch kräftig zu beleben! – – -
Kreidefelsen, weisse Strände,
Abbruchkanten, Seehundsände,
Roggenfelder und Hochmoore,
Fachwerkbauten, Altstadttore,
Blumenschauen, Töpfereien;
– lustig Eulenspiegeleien:
Brauchtum, Eigenart gestalten,
um's der Nachwelt zu erhalten,
so erklingen immer wieder
– altvertraute Heimatlieder! – – -

Drum gilt's, Tradition zu pflegen,
sich genau zu überlegen,
wie es dabei möglich wäre,
dass der Fortbestand sich mehre ...

De Shanty-Chor un Habenschnack is Schiemannsgarn mit Scheeps-Twieback!

Dor is wat dran an'n »Bremer Schnack«,
Wi Bremer sind allwiel »op Zack«;
wieldat op platt jedeen versteiht,
schnackt wi as us de Snuute steiht!
Un wat op hochdüütsch Ärger bringt,
op plattdüütsch liekers sachtens klingt!
Wi Bremer seggt »watt mutt – datt mutt«;
wi spreekt daat jümmer ok klor ut,
wat wi so denkt un wat wi meent;
egol, of Een dat so verdeent!

Wat so an Bord allens passiert,
is maritim – nich mariniert:
dat hört as »flotter Rees« sick an,
wie'n Jux von den »Klabautermann«!
Un wat »Hein Seemann« dann vertellt
as »sülms beleewt« in wieter Welt,
is meerstendeels blots »deftig Schmuu«
von em , von »Kuddeldaddeldu«!

De flotte Rees un Seemannsschnack
is Lögentörn mit Kautabak!

»Ehre sei Gott auf dem Meer!«

Der Spruch, den jeder Seemann kennt
und heiß ihm auf der Seele brennt,
die See betrifft und den Beruf,
den einst der HERR für ihn erschuf,
spricht der ganz klar aus, was er so empfindet,
was sie miteinander weltweit verbindet:

»EHRE SEI GOTT AUF DEM MEER!«

Er hat das Meer so weit bestellt
als schönsten Teil der ganzen Welt,
und tat damit sein Weisheit kund,
damit nicht jeder Lumpenhund,
mit denen die Welt so reichlich gesegnet,
dem ehrlichen Seemann draussen begegnet!

»EHRE SEI GOTT AUF DEM MEER!«

Das Meer beweist Unendlichkeit,
der Himmel zeigt die Ewigkeit!
Vertraut sind Wellen ihm und Wind;
und wenn sein Wachentörn beginnt,
dann wird er schweigend der Arbeit nachgehen,
im Innersten für sich selbst eingestehen:

»EHRE SEI GOTT AUF DEM MEER!«

… heißt nur noch: »Besanschot an!« …

Wo man auf »Seemannsart« sich grüßt,
wird ein »Ahoi!« niemals vermisst:
Der »Skipper« sagt schlichtweg bloß »MOIIN!«
und würde sich darüber freun,
wenn er zum nächsten »sailing törn«
ein »Mast- und Schottbruch« kriegt zu hörn!
Denn dieser Wunsch bedeutet Glück
und meint: »Kehr immer heil zurück!« …

Mit »Leinen los!«, und – »schieß in den Wind!«
sind Meeresgötter wohlgesinnt!
Weil gnädig sich das Wetter zeigt,
ist schnell das Tagesziel erreicht!

Dort wird gerefft, gezurrt, belegt,
und auch als Tradition gepflegt,
wenn'n Käppen ruft: »Für alle Mann
BESANSCHOT an!«

... heet dat blots noch: »Besanschot an!«

Von achtern weiht een prallen Wind:
»Smiet loos de Lien!« – »de Törn beginnt!«
De Crew belegt ganz fast de Schoot;
»Klar Kimming!« is nu dat Gebot!

Un sei verholn dat Vörtopp-Seil,
wiel dat de Spinnaker steht geil!
Somit is allens »best ob Stäh«!
– denn Freeheit gifft dat blots »op See«!

Bi »Mast- und Schootbruch« weer de Start
für een opwennig Wettkampffahrt!
Denn disse Sprook mag sei bewohrn
vör Noot- und Havaree-Gefohrn!

Mokt eerst dat Boot im Haben fest,
is't opklaart up dat allerbest,
dann seggt de Skipper: »Alle Mann
hebbt heel verdient: Besanschoot an!«

... von der Wasserseite her: Die Bremer City

Ein guter Rat ist: Nimm Dir Zeit!
Beschau die Stadt von der Wasserseit!

Bei der gemächlich Dampferfahrt
wird Sehenswertes offenbart,
was sonst, – auf Alltagstrott getrimmt –,
man sooo gar nicht zur Kenntnis nimmt!

Ein City-Bummel ist zugleich
ein Spaß – und auch erlebnisreich!
Das Schlachte-Ufer reicht vom Schnoor
flussabwärts bis Stephanitor!

Modern und dennoch antiquiert,
das ist's, was dabei imponiert:
in keinem Falle monoton
– bei wohl erhaltner Tradition!

Das Altstadt-Panoramabild
ist mehr als nur Aushängeschild:
Es spiegelt Bremer Eigenart!
– Vergnüglich macht ne Weserfahrt!

Denn grade das wird hier bezweckt:
Dass man gar manches neu entdeckt,
was, – als vergänglich abgetan
zum Blickpunkt wird im neuen Plan!

»Maritime Breminale« gibt's zum wiederholten Male!

Bei der Weser-Schiffsparade
sind Poseidon und Najade
Namen alter Meeresgötter:
Schiffskorso bei »Mützenwetter«
wird Bremens »Speckflagge« führen,
»maritim-gemäss« agieren!

Mit dem Spruch »buten und binnen«
soll's als Auftakt froh beginnen,
es »seemännisch« auszuloten,
was zur Auswahl wird gebeten!
So wird's sicherlich gelingen,
»Seefahrt« ins Gespräch zu bringen!

Das ist Bremens Hauptinteresse:
»Navigare est necesse«!

MS FRIEDRICH: ein »Oldie« von besonderer Art!

Vom Schiffs-Typ her sieht man's ihm an:
»FRIEDRICH« ist Rundfahrt-Veteran;
erinnert an Großvaters Zeit
voll biedrer Urgemütlichkeit!

Alt, ausgemustert war er schon,
als eine Crew – ganz ohne Lohn –
sich dachte: »Der wird flott gemacht
und wieder dann in Fahrt gebracht!«,
Maschine komplett demontiert,
der Aufbau völlig restauriert;
viel Rost geklopft, Farbe gekratzt,
bis letztlich alles bestens passt! –

Museumsschiff will er nicht sein!
Für's Wohl sorgt der Förderverein;
der mag Anfragen gerne hörn
für'n unterhaltsam Weser-Törn! –
Als optisch Schifffahrts-Nostalgie
und Teil der Schlacht-Szenerie
ist »FRIEDRICH« – auch wenn nicht in Fahrt –
ein »oldie« von besondrer Art!

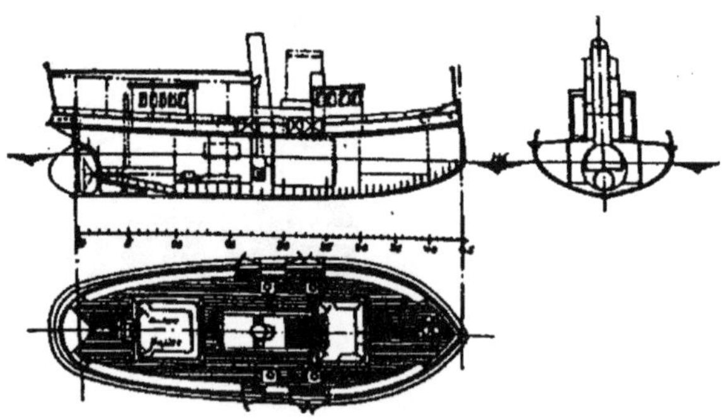

»Ja wo sind sie denn?« ...

Als die vier »STADTMUSIKANTEN«
auf dem Weg nach Bremen warn,
konnten sie mit heut verwandten
Mitteln noch nicht hierher fahrn.
Sie sind einst zu Fuss gekommen,
waren müd und abgeschlafft.
Hätten sie ein Schiff genommen,
wäre leichter es geschafft!

Anreise auf der Wasserstraße
würd ihnen heut offeriert;
auch per »Schiff der Spitzenklasse«,
jedenfalls: rot weiß-kariert ! –
Irgenwie ist's doch gelungen,
und drum sieht nun Jedermann,
wenn ihr Loblied wird gesungen,
sie als BREMEN-Werbung an!

Maritime Woche an der Weser

In Maritimer Woche
sind alle »Vier« geschäftig;
weil Jedes darauf poche,
dass sein Part sei recht prächtig!
Der ESEL trägt die Taschen,
der HAHN erklärt's Geschehen!
Die KATZE liebt das Naschen,
der HUND will'n Filmspot drehen!
Warum sie das denn machen?
Was wollen sie vermitteln?:
Es soll so richtig krachen,
die Bremer wachzurütteln! –
Es wäre jammerschade,
sie dann allein zu lassen!
Zum Schluss die Schiffsparade,
die darf man nicht verpassen!

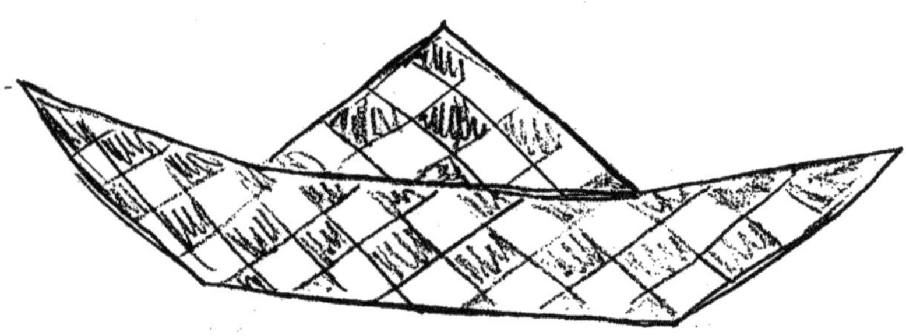

... ganz unterhaltsam, schick un flott ...

Dat kiekt sick de«Klabautermann«
– as jümmers – mit Vergnögen an:

Op sinnen Padd as Altstadt-Tour
steiht hei ok an de »Slachte«-Muur,
wo hei begeistert konstateert:
»De Opwand is dat Möhen wert!«
De »BREMER maritime Woch«
is keen langwielig Sommerloch!
Von fröh ann Dag bit Abendstund
dor geiht dat allerwielen rund!
Bremer Betrieben stelln sick vor,
un »Shanties« singt de Schipper-Chor!
Een Lichter-Korso gifft dat ok
mit »Füerwark inn Laserlook!« – -
Of Een't beleewt sowat inn Snoor,
of Een verblifft ann Steffensdoor,
upstunns is't »maritim-Anbott«,
ganz ünnerhaltsom, schick un flott! – -
Wo Een op gode Frünnen drifft,
wo't alltied wat to kieken gifft,
dor mutt Een woll warraftig hen,

Un seggt to'n Sluss:
»Mok't good! – bit denn!« ...

… mit nem salzgen »Nixenkuss« …

Wertbewusst und legitim
gibt sich Bremen maritim:
So Besucher hoffen lässt,
wie sie hier beim »Weserfest«
schon gleich beim Vorübergehn
mitten im Geschehn stehn!

Treu dem Spruch:
»Seefahrt ist not!«
hat man hier als Angebot
ein Programm gut ausgewählt,
das viel See-Bezug enthält.
Und »Stadtmusikanten« wolln
dazu ihren Beitrag zolln!

An der Schlachte und im Schnoor
singt dazu ein Shanty-Chor,
wie es einst an Bord zuging,
als noch Heuer war gering!
Und manch rauer See-Pirat
wandelt sich zum Hanseat!

Eine Woche voller Spaß
bietet so für Alle was.
Und dazu gibt es zum Schluss
einen salzgen »Nixenkuss«! –
Bremer Schlüssel, Bremer Art
wird als Tradition bewahrt!

»DAT HETT HÜÜT NOCH SINN!«

»Buten un ok Binnen«
wulln to Bremens Best
»Wagen wi un Winnen«! …
So is't jümmer west!

Mennicheen is komen,
weer mehr as blots Gast;
wi hebbt ehm gern nomen, -
wenn he to us passt!
Eerste Asylanten
weern dormols de Veer,
de as »STADTMUSKANTEN«
kreeg bi us Quarteer!

Wat Parteien raten:
Gröne, Swatte, Geel
un Schandalmokraten
bringt am End nich veel.

Wenn blots »Bunte« keemen,
geew dat een Mallör:
harrn wi sülms in Bremen
nix to seggen mehr!

Wo se Musik speelen,
mutt exotisch sien;
dütsch watt mittodeelen,
fallt keeneen mehr in!
Wi mööt mit all Krachten
wohrn de dütsche Spraak,
wachsam darop achten, -
dat is Ehrensaak!

»Bremen wees gedechtig
un laat nich mehr in,
as bist deren mechtig!« …
Datt hett hüüt noch Sinn !

Bremer Gediegenheit

Man pflegt hier die Gelassenheit
und nennt's »Bremer Gediegenheit«.
Wem solche Eigenart gefällt,
der hat gewisslich gut gewählt:

Das Bremer Bier ist süffig.
Die Bremer Deern ist pfiffig.
Der Bremer Jung ist kräftig,
Das Bremer Essen deftig!

So werden Sitte, Brauch und Art
auf Bremer Weise treu bewahrt!
Mit »Tach auch!« grüßt man sich zumeist,
dieweils »Mach's gut!« zum Abschied heißt!

Us Vaderstadt

So lang as noch de »Speckflagg« weiht
un op den Markt de Roland steiht,
so lang noch Bremer Schepen fohrn,
is use Stadt wiss nich verlorn!

So lang't de »Stadtmuskanten« gifft
un »Bremen best!« us Wohlsprook blifft,
so lang wi fast tohope stohn,
kann use Stadt nich unnergohn!

So lang as sacht de Werser strömt,
us Bremen »Vaderstadt« wi nömt,
kommt alletied dat best torecht:
denn use Leefde de is echt!

... das lieben wir an Bremen ...

Am Weserstrom gelegen,
gekreuzt von Handelswegen,
konnt sich's seit tausend Jahren
viel Eigenart bewahren;
Freiheitswillen bezeugen,
ner Obrigkeit nicht beugen,
nach eignem Sinn gestalten,
so Tradition erhalten,
der Herkunft sich nicht schämen:
– das ist das wahre BREMEN!

Vieles konnt gut geraten!
Drum durften Hanseaten
dem Hochmut nicht erliegen;
gedächtig und gediegen,
dabei weltaufgeschlossen,
mutig und unverdrossen,
galt's eigner Kraft vertrauen,
Erreichtes anzuschauen!
Das kann uns keiner nehmen;
– das lieben wir an BREMEN!

Zum Wohle unserer Stadt

Es heißt doch, dass »buten un binnen«
die Bremer solln »wagen un winnen«!
Das sitzt ganz fest im Gedächtnis
und ist unsrer Väter Vermächtnis
als Sinnspruch bedächtiger Art!

Wir sollen »in Freud und in Leiden«
uns immer massvoll bescheiden,
auf eigene Kräfte vertrauen
und niemals nur Luftschlösser bauen,
dann sind wir vor Schaden bewahrt!

»Gediegenheit« heißt das in Bremen;
uns unseres Tuns nicht zu schämen,
bedächtig und kraftvoll verhalten
und Neues auch mutig gestalten:
Solide auf bremische Art!

... wahrt man die Gediegenheit ...

Es ist schon erwähnenswert,
was aus Bremen man erfährt,
denn es gibt zum Sommerschluss
Lichterfest am Weserfluss! –

Weil ein echter Hanseat
stets Bezug zur Seefahrt hat:
Schiffe fuhrn von altersher
weit hinaus auf's Weltenmeer
und brachten so allerhand
heimwärts uns aus fernem Land!

BREMEN liegt am Weserstrom!:
Selbstbewusst und autonom
hat man hier manch Eigenart
ein Merkmal sich bewahrt!
Ohne alles Übermass
gibt es auch gedämpften Spaß!
Und bei aller Heiterkeit
wahrt man die Gediegenheit! –

Des Programmes Anreiz ist,
dass es Frohsinn nicht vermisst!
So wird's gut – und bleibt intim:
BREMEN feiert »maritim«!

... un nömt sick »Bremer Kammerchor« ...

Wat sunst keen Stadt to wiesen hett:
Hier is dat een »Dübel-Quartett«!
Sei singen tegenanner an
in deepen Brummbass un Sopran,
as Bariton un as Tenor,
– un nömt sick »Bremer Kammerchor«! -
Dat kann Een an ehr Mienen sehn,
sei sind so mit sick sülms tofreen!
As »Stadtmuskanten« wullen se
– ohne Tschingbum un Tätretee -
för de Kultur wat godet dohn;
– un Hannenklatschen is ehr Lohn!

»BREMEN – und umzu!«

Am Weserstrand sind wir zuhaus
und kennen uns im Umland aus,
worans der Weyerberg aufragt,
wo »Bremen und umzu« man sagt!

Der »Roland« ist Symbol von Trutz
und steht drum unter Denkmalschutz;
genau wie's Rathaus, das damit
die »Weser-Renaissance« vertritt!

Als »Fischkopp-City« ist bekannt,
wo Bremerhaven einst entstand;
im Teufelsmoor gräbt man nach Torf,
das Watt beginnt in »Cuxendorf«!

»Freemaak« ist fünfte Jahreszeit,
und Schiffe fahren weltenweit!
Das »Bremen best!« klingt wie'n Gebot,
der Wahlspruch heißt:«Seefahrt ist not!«

Was alles so auf See passiert,
das wird munter kommentiert!
Was »Hein Mück« sagt, klingt oft zwar rau,
doch wie der's sagt, – stimmt es genau!

... to'n »shopping« dör de Innenstadt

Wenn't Muskanten-Stadtquartett
nen Jipper mol op't Bummeln hett:

Hund, Esel, Hahn un Miezekatz
hebbt vör dat Rathuus ehren Plaats!
Doch mennigmol drängt ehr Geföhl,
sich optomaken in't Gewöhl
un nich blots nur spazeeren gohn;
– just so as dat de Minschen dohn:

Se hebbt sick dorför prepareert;
mit Inkoopbüdeln utstaffeert,
un keemen dann op ehren Padd
to'n »shopping« dör de Binnenstadt!
Sei stöhnden: »Oh, Schockschwerenot!
De Utwahl is doch veel to groot!« – -
So löppt de Tiet ok ganz fix hin!
Ne Werserfohrt mutt woll noch sien!
Doch dat de Bootstörn jem erfreut,
dor nehmen sei as Sekerheit
nen Rettungsring as den Bewies,
dat »Water ohne Balken is!« – -

Doch sei stohn woller op de Wacht
an't Rathuus all vör Middernacht ...

»BREMEN BEST« – so töne es als Bremer Chor

Bremer Wetter kann nicht mögen Jedermann,
doch am Bremer Nieselregen ist was dran …
»Bremen binnen – Bremen buten«, so ist's recht
und die Bremer Eigenarten sind nicht schlecht!

Bremer Zwieback, Bremer Klaben und Kaffee,
Bremer Kluten, Bremer Moppen, Bremer Tee:
zur Verdauung hinternach nen Eiswettkorn –
und weil's schmeckte, dann das ganze frisch von vorn!

Bremer Matjes, Kohl und Pinkel und »Bramsil«
Pluckte Finken, Bremer Speckaal – möglichst viel;
Bremer Knipp, Labskaus – zum echten Bier;
und weil's schmeckte, drum bekommts, das wissen wir!

Bremens Roland schützt des Handels edlen Zweck,
Bremer Flagge ist bekannt als »Bremer Speck«;
Bremer Freimarkt ist die fünfte Jahreszeit,
Bremer Schlüssel schafft uns Freunde weltenweit!

Bremer Jungen machen sicher nichts verkehrt,
Brmer Mädchen sind als Hausfrau sehr begehrt;
Bremer Bürgern macht man schwerlich etwas vor!
»BREMEN BEST!« so töne es als Bremer Chor!

Auf gut Bremisch!

Was ist des Bremer Eigenart?:
Zurückhaltend und doch bestimmt,
klug und bedächtig; – doch nicht smart
– und niemals auf Krawall geftimmt!

Hier wird erst dreimal überlegt,
doch dann wird kräftig zugepackt;
und keiner reagiert erregt,
– was man sich selber aufgesackt! –

Alles muss sehr solide sein,
es wird ganz sorgsam ausgewählt;
gediegen wohl – manchmal piekfein,
– damit's auch dauerhaft sich hält! -

Nur eines macht den Bremer wild:
übertriebne Masslosigkeit! –
Dass man als zuverlässig gilt,
– ist wahre Bremer Eitelkeit!

Dem Bremer wird auch nachgesagt,
dass er recht wagemutig wär:
Hat er nen Plan fest in der Hand,
– verfolgt er ihn – oftmals zu sehr …

Bremer Jungen un Bremer Deern

So ein rechter Bremer Jung
ist voll Mutterwitz und Schwung,
hat an Streichen seinen Spaß;
– und auf ihn, da ist Verlass!

So ein Bremer Butjer will
immer stromern, sitzt nie still,
findet alles richtig raus;
– kennt sich immer bestens aus!

Eine echte Bremer Deern
mögen wirklich alle gern!
Sie ist kess und gar nicht scheu,
– sehr beständig, lieb und treu!

Ja, ein Bremer Mädchen ist
ganz behutsam, wenn es küsst;
es schmiegt sich gern zärtlich an,
– da ist wirklich alles dran!

... mehr praeter as propter ... so ehm un ehm ...

Fragt man mol Een in Brehm:
»Woans kannst denn hier lehm?«,
antert de: »Ehm un ehm!« –
Un door kannst nix bi dohn;
denn bremisch to verstohn,
mutt Een all lang hier wohn!

Liekers klingt de Bescheed,
wenn't »praeter propter« heet;
ok wenn Keeneen't nau weet!
So antert Elkeen füünsch
mit'n Seggoort op Latiensch;
dat klingt wat vigeliensch!

Verstoht sick, wat dat schall!
Doch beed Mol blifft egaal
un meent op jeden Fall:
Woneem de Wind ok weiht,
de Bremer oprecht steiht
as grod so't eben geiht!

... so ehm un ehm ...

»Sag mal was typisch bremisches!«, fragt man: »Wieso denn?«, »So isses!«

Wenn man sich gegenüber steht,
wird meist gefragt: »Wie's denn so geht?«
nach »Tach auch!«, wie's in Bremen gilt;
und fühlt sich gleich schon voll im Bild
von dem, was man dabei vernimmt,
– und denkt nicht nach, ob das auch stimmt! – -

Weil's selbstzufrieden klingen soll,
heißt es zumindest: »Muscha woll!«
Denn als bremische Eigenart
wird Unaufdringlichkeit gewahrt!
Man macht's als Antwort sich bequem
– und sagt einfach: »So ehm un ehm!« – –

Man redet über dies und das,
hat an manch Pannen rechten Spaß!
So plänkelt das Gespräch denn hin:
»So isses!« – Klingt's oft mitttendrin!
Und womit endet dieser Plausch?:
– »Sieh tau!« – »Mach's gut!« – »Und grüß zuhaus!« – -

ROLAND

Als freiheitlich Vorbild ihn ernst zu nehmen,
hat Friedrich Rückert den Spruch uns vermacht:
»ROLAND, der Riese am Rathaus zu Bremen,
steht er, ein Standbild – standhaft und wacht!«
Würd er so befragt, dann könnt man vernehmen,
wie es ihn erfreut – und er drüber lacht! –

Schon von kleenan ward us dat lehrt,
dat Freiheit he us garanteert:
»ROLAND, mit dat kruse Haar,
steihst dor woll all dusend Jahr!
Roland, mit den Wappenrock,
steihst so stief as wie en Stock!
ROLAND, mit de spitze Knee,
segg mal, deiht di dat nich weh?« –

Un op sien Wappenschild steiht de Umschrift:
»VRYHEIT DO IK JU OPENBAR,
DE KARL UN MENNICH VORST VORWAR
DESSER STEDE GHEGHEVEN HAT:
DES DANKET GODE, IS MIN RADT.«

Bremer Symbolfiguren einfach sagen- und märchenhaft!

Wir kennen Symbolfiguren,
die geschichtlich ihre Spuren
markant in BREMEN hinterliessen:
die ANSGAR , PETRUS, ROLAND hiessen:

ANSGAR, den wir heut noch ehren,
musst Wikingern sich erwehren,
als damals er – vor tausend Jahren
nach Norden zur Mission gefahren! –

»BREMER SCHLÜSSEL« ist's zu eigen,
Seefahrern den Kurs zu zeigen:
Zu PETRUS Dom die Bürger kamen,
dass sein Wahrzeichen ihm sie nahmen!

Als Karls Paladin geritten,
Roncesvalles Tod erlitten:
Hier für Freiheit einzustehen,
ist unserm ROLAND anzusehen! –

Vor Knechtschaft Reissaus genommen,
sind vier Tiere hergekommen,
wo sie nun neue Heimstatt fanden:
Das sind BREMER STADTMUSIKANTEN! –

So gibt's Sagen und Geschichten,
die noch heute uns berichten;
was einst zu BREMENs Wohl gewesen,
ist in Chroniken nachzulesen!

... ROLAND rockt! ...

»Wie macht er das?«
»Hätt er daran wirklich Spaß?«
Auffällig und intensiv,
dann ist die Werbung effektiv:

Dass einmal der ROLAND rockt,
hätt wohl Freunde angelockt,
flugs zum Marktplatz hinzugehn,
sich solch Schauspiel anzusehn?
Das reizt echte Bremer nie,
und es bleibt ne Utopie!
Dieser Vorgang spricht zwar an,
wie man sich schon denken kann;
und der Werbegag gelingt,
Aufmerksamkeit so erringt!
Handel fragt nicht, ob's gefällt;
einzig in der Werbung zählt,
welche Ziele sie bezweckt,
ob sie das Interessse weckt!

Das Absurde fällt drum auf;
bewirkt's nen spontanen Kauf,
der die Hemmung überwand:
= Wirkungsvoll rockt der ROLAND! =

Zum Thema »Missingsch« ein paar Beispiele bremischer Sprechweise

Ist etwas unveränderlich, »da geht nu wirklich nichts beizu!«

Wie einer spricht: »Was ein so saacht!«

Auf die Frage: »Was für einen das ist?«, wird geantwortet: »Dascha ein ganz blöden Fant, is das!« (franz. enfant).

Als Ausdruck höchster Verwunderung: »Ischa woll nich die Möglichkeit!« und : »Dascha die Höhe, is das doch!«

Einerseits ist »etepetete« das Höchstmass an »Penebilität« und in der Beurteilung: »Dat Fiene, dat will dor pattu nich rin!«.

Und wenn man etwas nicht ausstehen kann: »Mag ich pattu nich leiden!«

Macht etwas viel Spaß, ist man dabei »aus schier Schandudel, mit Jux und Dollerei!«

Und darauf darf man sich wohl verlassen: »Do r kannst di op – Verlaat di to!«

Etwas erwartungsvoll betrachtend, heißt es wohl: »Dat schall mi denn wohl verlangen, wat dorut noch ward?«

Frage: »S o frägt einen: Wo ist das für?«

Antwort:«Na, zu'n Essen/ zu'n Gebrauchen!«

Frage: »Wen seinen (seiner) ist das?« oder »Wen hört das zu?« Antwort: »Mein seins!« oder »Ist mir!«

Bei schlechter Körperhaltung lässt man sich sagen: »Gescha ganz krumm, hascha nen Puckel, krischa nen Ducks!« (gehst ja ... hast ja ... kriegst ja)

»Schanne wert!« war ein Ausspruch von Heini Holtenbeen.

Wird ein Bremer befragt, wie er damit zurechtkommt, ist die Frage: »Wie einen dagegen ankommt?« – und er wird zurückhaltend antworten: »S o ehm un ehm!« (eben).

Auf etwas begierig sein: »worauf man einen Japper / Jiper hat«.

Und wenn etwas Spaß bereitet, ist es »woran einen sein Fiduz haben kann!« (von latein. fiducia):

Man kauft sich ein »Billjet«, fährt mit der »Elektrischen nach'n Bahnhof«, steigt aufen »Perron« innen Zuch und hat seinen Sitzplatz inn »Kupee«.

Dem Übermütigen wird gesagt: »Nu komm man nich vonner Rolle!«

Und wem's nicht überzeugend gelingt, dem sagt man wohl: »Das glaubt dir keinein nich, musst du noch einmal umlügen!«

»Navigare necesse est«

Und die Großwetterlage
begünstigt Hafentage,
wo an der Schlacht Mauern
Seefahrtbesessene kauern,
beim Ton der Schiffsirenen
sich munter zu beklönen:

Ganz still das Meeresrauschen
andachtsvoll zu belauschen,
gedanklich fort zu schweben,
Sehnsüchten sich ergeben,
die dann an Inselstränden
in fernen Welten enden!

Klingt wie'n Seefahrt-Manifest:
»Navigare necesse est!«
Doch es bleibt für uns Gebot,
Ehrenpflicht: »Seefahrt ist not!« –
Wer stets »klaren Kurs« bewahrt,
hat die rechte Lebensart!

... einen Leuchtturm ausmachen ...

Us Heimat is de Waterkant
mit Wattenmeer un Noordseestrand,
mit Tidengang bi Ebb und Floot,
mit Dampers un mit Segelboot!

Wer nach Sichtmarken navigiert,
an Landmarken orientiert,
ist immer davon angetan,
wenn er'n Leuchtturm ausmachen kann!
Der steht wie eine Küstenwacht
mit Sichtsignal in dunkler Nacht,
mit Kennung mittels Strahlenschein
und will so ein Wegweiser sein!

Hoog öwer Kimm Lücht us von fern
as good Richtwies de Noorden-Stern! –
Dat Water kummt , dat Water geiht;
is Utdruck von Ahnennlichkeit! –

»Maritimes Alphabet« (von A bis Z)

Um Verständnis zu gewähren
und Begriffe aufzuklären,
mög dies Alphabet vollbringen;
– auch wenn Worte seltsam klingen:

A
Schwer war es, »Cap Hoorn« zu runden,
»Albatros« wird es bekunden,
lässt sich mit »Ahoi« nicht locken;
stopft nach »aussenbords« die Socken! –

B
»Bordsteinschwalben« sind oft teuer,
wenn sie stehn im »Blinkefeuer«!
»Backschaft« heißt »Blechnapf« aufdecken;
»Bilgenwasser« kann nicht schmecken! –

C
»Chartering« schliesst man Verträge!
Allerbest ist'n »Chief« zuwege,
läuft sein »Göpel« ohne »Macken«!
»Curry-Reis« erleichtert's Kacken! –

D
»Dampers« können »dwars« abdriften;
doch »Decksbauern« nicht verzichten
auf nen »Dweil« als Scheuerplünnen,
wenn sie'n »Decksbelag« blank trimmen! –

E
»Ensalada« wär zum Lachen
als ein Mix aus vielen Sprachen,
weil »Exoten« – ohne Hadern –
miteinander flott »palavern«! –

F
»Faulenzer« bei Langeweile?:
V om »Ladegeschirr« sind's Teile!
Steward »Flunki« wetzt die Haxen;
»Funkenpuster« will bloß »faxen«! –

G
Per »Gebetbuch« Planken scheuern,
»Leuwagen« durch's »Gatt« zu feuern,
sodass die »Gorgonen« rasen!
Wachen enden mit »Acht Glasen«! –

H
»Heizerflöh« alles verdrecken,
das verursacht großen Schrecken,
auch wenn ein »Hauruck-Verfahren«
konnt vor »Havarei« bewahren! –

I/J
»Irish Stew« schmeckt den »Janmaaten«,
»Inglishmen« und »Jolln-Piraten«!
Und der »Jockel«, tief im Keller,
dreht beständig den »Propeller«! –

K
»Kaptauben« sind »Kapteins«-Frauen!
doch »Kanaken« zu vertrauen,
da nimmt der »Klabautermann«
als Vorbeugung den »Lebertran«! –

L
»Löschen – Laden« ging zu Ende,
»Luken-Viez« reibt sich die Hände!
»Lords« sich »landfein« kostümieren,
wollen »Ladies« imponieren! –

M
Als »Mijnheer« ist so ein »Makker«
kein »Mors« und kein »Moses« – Kacker;
wird das »Mützenwetter« nützen –
und den »Mollenfriedhof« stützen! –

N
Eine »Nattnees« – frei vom Wissen –
möcht zu gerne »Nixen« küssen!
»Narrenschiffe« gibt's am Rheine,
»Nuckelpinnen« sind ganz kleine! –

O
»Oldies« bei Schlechtwetterlagen
meist »Ostfriesennerze« tragen;
sind »old sailor« sie geworden,
ziehn sie sich zurück nach Norden! –

P
Nach nem »Priem« wird'n »Piefke« blasser!
Mit ner »Pütz« schöpft man »Salzwasser«!
»Seemanns-Rees heißt auch »Palaver«
und ermuntert den »Kadaver«! –

Q
Ein notorisch »Queesenbüdel«
bringt den »Seebär« nich inn »Tüdel«!
Nutzlos sind solch Quakereien«,
die selbst »Quittjes« verabscheuen! –

R
Der Matrose »Daddelduddel«
steht nur senkrecht mit »Rumbuddel«, -
nur mit »roger« mag's gelingen! –
»Rolling home!« sollte er singen! -

S
Die fleissigen »Schauermänner«
sind auch wahre »Stückgut«-Kenner;
und der »Schafstall« wird verkünden,
wo sie sich zur »Schicht« einfinden! –

T
»Takeltüüch« bezeugt Befremden!
»Tampen«, das sind »Tauwerksenden«!
»Tally« zählt die »Löschganghieven«!
»Tussies« sind die »Hafenlieben«! –

U
»Ungeziefer« zu bekämpfen,
schafft man mit »Urea«-Dämpfen
»Unterkünfte« abzudichten;
muss auf »Urlaub« man verzichten! –

V
»Verdwars« heißt wohl: falsch gefahren!
»Verklokfideln« meint »Verklaren«;
sich verkrümeln ist »Verholen« –
und geschieht auf leisen Sohlen! –

W
»Käppen« schmaucht den »Wanzenhammer«!
»Klippersegler« sind »Windjammer«!
»Labskaus« gleicht ner »Wantenschmiere«!
»Walfische« sind »Meerestiere«! –

X/Y
Das »X« steht für Xylophone!
n' »Yankee« lebt in Ami-Zone!

Z
Wonach die »Zollmöpse« ahnden,
und was sie im »Zampel« fanden,
ist am Ende »Zappendüster« –
und verbirgt ganz viel »Klamüster«! …

Einmal damit angefangen,
um zum Schlussvers zu gelangen
und dabei nicht zu blamieren,
hiess es: sorgsam zu sortieren,
was als Beispiel konnte passen; -
– unnötiges weg zu lassen …

Aufgelistet von A bis Z

A Albatros, Ahoi, aussenbords, Acht Glasen,
B Bordsteinschwalben, Blinkefeuer, Backschaft, Blechnapf, Bilgenwasser
C Cap Hoorn, Chartering, Chief, Curry-Reis,
D Damper, dwars, Decksbauern, Dweil, Decksbelag, Daddelduddel
E Ensalada, Exoten,
F Faulenzer, Flunki, Funkenpuster, faxen
G Göpel, Gebetbuch, Gatt, Gorgonen,
H Heizerflöhe, Hauruck-Verfahren, Havarei, Hafenliebe, Hieven
I/J Irish Stew, Iglishmen,
Janmaaten, Jolln-Piraten, Jockel
K Kaptauben, Kaptein, Kanaken, Klabautermann, Kadaver, Klipper, Klamüster
L Leuwagen, Lebertran, Löschen, Laden, Luken-Viez, Lords, landfein, Ladies, Labskaus
M Mijnheer, Makker, Mors, Moses, Mützenwetter, Mollenfriedhof, Meerestier, Macken
N Nattnees, Nixen, Narrenschiff, Nuckelpinne
O Oldies, Ostfriesennerze, old sailor
P Palaver, Priem, Piefke, Putz, Propeller
Q Queesenbüdel, Quaakerei, Quittje
R Rees, Rumbuddel, roger, Rolling home
S Sailor, Salzwasser, Seebär, Schauermann, Stückgut, Schafstall, Schicht, Steward
T Tüdel, Takeltüüch, Tampen Tauwerk, Tally, Tussi
U Ungeziefer, Urea, Unterkunft, Urlaub
V Verdwars, verklokfideln, verklaren, verkrümeln, verholen
W Wanzenhammer, Windjammer, Wantenschmiere, Walfisch
X Xylophon
Y Yankee
Z Zollmops, Zampel, zappendüster

Bremen an der Weser

Wenn Een de Werser afwards fohrt,
ward em veel Utkiek offenbohrt
von Hastedt mit dat Werserwehr
bit Gröpeln mit de tweede Pier:

Ann Oosterdiek dat Stadijon,
»Hal öwer!« bi'n Sielwall-Ponton;
Stadtwerder mit ümkippt Kommod
un Hülpszentraal für Scheeep in Not;
de Slachte mit den Kajenmaak,
mit Martins- un mit Steffenskark!

As düür Quarteer de Teerhoff tellt,
un Becks schickt Beer in alle Welt;
Haven ward nieg »Utfit« verpasst
mit Wohnrebeet, Hooghuuspalast!
Bi Feegbüdel mit Havenhöft
Wullkämmeree op Ändern töwt!

As goden Rat: Nimm Di mol Tied ,
bekiek de Stadt von't Watersied!
Dann kreegst ok ornlich wat to sehn
un büst mit den Erfolg tofreen!

Damals: Unter Dampf »VOLL VORAUS!«

Man sieht den »Blauen Peter« wehn,
wenn Kessel unter Dampfdruck stehn.
Ein Seetörn voll Beständigkeit
war Seefahrt in der alten Zeit:

Der Schmadding staut die Gangway weg.
»Klar vorn und achtern!« heißt's an Deck.
Mit »Leinen los!« beginnt die Fahrt
nach alter und bewährter Art!
Der Schornstein speit viel schwarzen Russ.
Weithin als altgewohnter Gruss
klingt's vom Typhon die Pier entlang
dumpfdröhnend noch mit »dreimal lang!« –
Die Ladung ist mit Stropp und Gurt
gelascht und sicher festgezurrt.
Mit »Leuwagen und Deckwaschschlauch«
macht man »Reinschiff« nach altem Brauch! –
Nur »Halbe Fahrt!« gilt anfangs noch
flussabwärts. – Doch ab Wremer Loch
befiehlt der Käppen »Voll voraus!«
durchs Sprachrohr aus dem Brückenhaus! –

Die »Logge« zeigt dem Steuermann
die Seemeilen per »Knoten« an! –
»Acht Glasen!« ist der Wachen Lauf.
Im Logbuch steht: »Alles wohlauf!«

Use Käppen

So is use Käppen,
de ool Bullerballer:
hölt us all för Deppen
un för blinne Knaller!

Wenn he wokt, dann quakt he,
he kann luudhals towen;
Wenn he slöpt, dann snarkt he,
denn bewt de Alkoven!
Wat he seggt, is wichtig,
ok wenn wi't nich glöwen;
wat he deiht, is richtig –
– klor as Kruut un Röben!

Wenn wi allens maken,
so as dat befohlen,
will för dösig Snaken
us de Düwel holen!
Mitgefühl, dat hett he
trotz all sien Gegnadder,
denn inn Grunne is he
us försorglich Vadder! –

Grode dorum fohrn wi
gern mit »use Oolen«,
un noch langtieds wulln wi
em bi us beholen! –

»Allzeit Gute Fahrt!«

Steure so dein Lebensschiff:
Frei von Klippen und kein Riff,
rechter Kurs und klarer Blick,
glatte Kimm und Wetterglück.

Wenn auch einmal Stürme wehn,
glaub, es wird schnell wieder schön.
Blick hinauf ins Sternenzelt,
freu Dich an der schönen Welt.

Blauer Himmel, weite Sicht,
Wolkenspiel im Sonnenlicht,
sanfte See und guter Wind
Dir doch wohlgesonnen sind.

LAND un SEE mol to verglieken, daarför schalln Bispillen rieken

Landmaße sind Kilometer,
Hohlmaße sind Hektoliter!

Kummst an Bord, kreegst du to weten:
ward nah ole Oort noch meten!
Denn daar snacken de Janmaaten
bloots von »Meilen, Knoten, Faden!
Raummaas heet Registertonne,
un bi'n Whisky gilt Gallone.
Dat blifft oolingelsch Bestrewen,
»inch, foot, yard« nich optogewen!

Sodenn liernt Een ok bilütten:
»Knoten« heet op platt ok »Knütten«;
dat gilt blots för Netts un Stroppen,
doch um Swinnigkeet to stoppen,
reken Sailors bloots in »Knoten«;
un ehr Tauwark nömt sei Schoten! –
Doch de »Meilen« mengeleeren,
schall egenlik nich passeeren:
de an Land sind för Footgänger,
denn op See sind dei wat länger!

Dat vondaag mol to verklickern,
much as Weten nich versickern!

HAFENARBEIT

Von großer Reise heimgekehrt,
ist Landgang zwar begehrenswert:
Doch erstmal wird mit viel Bedacht
das Schiff im Hafen festgemacht!
Und die »Fastmokers« stehen schon
am Kai auf Warteposition! –
Sobald die »Leinen« fest vertäut,
beginnt die »Lösch- und Ladezeit«!
Die »Stauer« ihre »Stropps« sortiern,
um's »Stückgut« landseitig zu fiern! –

Je nach akutem Tidenstand
wird »losgesteckt und nachgespannt«! –
Der »Schmadding« repariert und spleisst,
wenn m al ein »Seil« bei Last zerreisst!
Ein kurzes End vom dicken Tau
heißt »Tampen«, – macht den »Moses« schlau! –
Im oft genannten »Seemannsgarn«
»Döntjes un Spröök« gebündelt warn! – -
Wenn dann der »Blaue Peter« weht,
heißt's »Leinen los!«, weil's seewärts geht!

»Is allens de reene Wohrheet!« ...

De Käppen seilt dör alle Welt,
lett sick von Wunner nich verfehrn.
Wenn he tohuus daarvon vertellt,
mutt he de Wohrheet eerst sorteern!

Denn meerstendeels is dat woll so:
Wenn Wohrheet allto nüchtern klingt,
denn gifft he'n beten wat darto,
wenn smusternd he sien Stories bringt!
Lögengeschichten sind dat nich,
wie't echt woll un wo't anners weer;
he deiht se af as »Takeltüüch«
un seggt:« Weer allns in Teer un Smeer!«
Oplest daar weet he sülmens nich,
wo he dat allens so belewt; -
Ok wenn he so – gelegentlich –
wat anner in dat Logbook schreew!:

»Wenn du mi dat nich glöven deihst,
denn löög ick di wat anners vör!
Oprichtig bin ick, na – tomeist!
So is dat ween, daar mutt ick dör!«

»Viel Wellenschlag und Sturmgebraus machen dem Sailor gar nichts aus!«

Auf nem Klipper anzuheuern
und dann »Klaren Kurs« zu steuern,
sag, wie passt das denn zusammen
ohne Beulen, ohne Schrammen?:

Darum meint der olle Sailor,
er sei doch kein Erbsenzähler;
hätt stets vollen Schlag genossen,
niemals einen Bock geschossen!

Doch sollt selbst er'n Knoten machen,
hätt die Crew schon was zum Lachen,
denn er könnt den auch mit Mühen
nicht selbst auseinander ziehen …

»Hei lücht!« (Haben-Rundfahrt)

Wat us Hein Mück vertellt
von Seefohrt, Habenwelt
is wiss nich allens wohr
un klingt wat sunnerbor:
»Wohr di, du Sabbelmors!«,
So warnt Hein Brüggeboors
un much »den Lögentörn«
warraftig nich anhörn! –

»Hei lücht!« schallt dat vom Land;
kiekt an de Waterkant
so Een, de sabbeln kann,
as »Lögenbüdel« an!

»Hei lücht!« – as de afwehrt,
is dat doch heel verkehrt:
»Er lügt!« heet't, wenn »Hei lögt,
dat sick de Balken bögt!« –
Wenn Een meent, dat »Hei lücht!«,
strahlt de öwert Gesicht:
»Er leuchtet! – un lacht breed!
– Dat is de Ünnerscheed!

Kapitän mit klarem Kurs

»Sag, welcher Kurs liegt an?«,
fragt der Klabautermann! –
Wer einst zu See gefahrn,
spult ab sein »Seemannsgarn«.
Unglaublich klingt das oft,
was der »an Sprüchen klopft!
Und wer's nicht lassen kann,
holt der Klabautermann;
der mocht den »Lügen-Törn«
ganz einfach nicht mehr hörn! –
Aus Seefahrt-Kumpelei
griff der an Dir vorbei! – – -

Wat bi de Seefohrt allns passeert,
word meist bi'n flotten »Rees« klareert!
Daar hölpt dat nix, »wat mutt – dat mutt«!;
föhrst Du tau See, lachst Di kaputt:
»Mit Oogen op un kloren Kurs,
sunst suupst Du af un bist inn Mors!« –
Weer meent, dat hei't nich glöwen kann,
den holt fors de Klabautermann.
De ober much den »Lögen-Törn«
wiss un warraftig nich mehr hörn!
Blots de, welk goode Kumpels ween,
de lett ann Enne he tofreen!

»STETTIN« – Shanty
(Melodie: Hamburger Veermaster)

Hebbt Ji mol den altmodschen Iisbreker sehn? –
hett bowen de bluewitte Iisbärflagg wehn …

Hett'n Buuk as'n Aant, de breedmuulig lacht;
de rökert un qualmt, ja dat is ne Pracht…

De Stüürmann un Käppen wulln jümmers blots fohrn;
de Reeder spinnt emsig sein seelatiensch Gorn …

De Fohrgäst drinkt Beer, sind innwendig natt;
de Stoker trimmt Köhln, nur de Heizer sind swatt …

To'n Schippern brukst Damp, doch de Köhlen sind düür;
de Mannschupp is flietig un fohrt ohne Hüür …

Se freit sick, wenn achtern de Qualmwolke steiht;
se sorgt altohop, dat sick allens fix dreiht …

Ob achtern, ob dwars, ob liekut orer scheef:
De Damper is doch ehr unheemlich Leew!

Blow, boys, blow for Californio,
there is plenty of gold,
so I am told
on the banks of Sacramento!

»Mit Spliss und Knoten«

Nur nach Sternen navigieren,
nie den rechten Kurs verlieren,
dennoch richtig anzukommen:
Aus den »stories« wird's vernommen,
was es hiess in frühern Jahren
weltenweit zur See zu fahren.

Jeder Käppen weiss Geschichten
als Erlebnis zu berichten:
Man hört dann, wenn wir sie glauben,
Meeresungeheuer schnauben,
wie er die – mit Kunst und Regeln –
konnt in Brassfahrt übersegeln.
Musst, behext von Nixenküssen,
die Piratenflagge hissen;
manch Versuchung sich erwehren,
Walfleisch roh als Hack verzehren;
durft sogar beim Wellenreiten
den Poseidon-Cup erstreiten! –

Wird »master next god!« geheißen
– und konnt früher sogar spleissen!
Weiss nun kaum, es ist zum Lachen,
Knoten wieder aufzumachen;
die durchzuhaun ist verboten:
Festgezurrt bleiben die Schoten …

»HEIN, speel op!«

»Shanties« vernimmt Een hüüt woll geern,
ofschoonst dat Arbeitsleeder weern!
– Liekers wat allns op See passeert,
is »Seeemannsleedern« reserveert! –

Op sein »Akkordeon« speelt Hein
un bringt us Seefahrt-Melodein.
Man nennt dat ok »Schipperklaveer«
för'n Leed von Schienfatt, Seils un Teer.
Nur in uns plattdütsch Heimatland
is't as de »Treckfiedel« bekannt.
Mit'n »Quetschkommod« sitt he woll ok
ann Butendiek un an de Hook! –
Hochdütsch heet't »Ziehharmonika«
un schafft bi'n Danz dat Trallala.
Mit'n Blickpuster un Kontrabass
sorgt »Pankokenmusik« för Spaß! –

Egal of Een, of Twee, of Dree:
Ehr Texten sind von Schipp un See,
von't Lengen nah de wiede Welt,
von Maandschien un von't Sternentelt!
Von kloren Kurs un grode Fahrt
von ole brave Seemannsart!

Bi Heimkehr nah de Waterkant
blifft doch een Wunsch: »Laat mi an Land!«
An Land seggt se: »Watt mutt – dat mutt!«
Fohrst Du tau See: »Lachst Di kaputt!«

»Rolling home!«

Als »Buscherump« war es bekannt
und wurd auch »Seemannshemd« genannt:
blau-weiss gestreift, wie er es trug
bei Decksarbeit von Heck bis Bug!

Ein Kittel war's aus grobem Stoff.
Ob Sonne brannt, ob Regen troff,
der hat zu jeder Zeit genügt! –
Als »modisch in« ihn heut man bringt,
wo'n »Shanty-Chor« uns davon singt,
wie weltenweit die Seefahrt ist
und man den »Sailor« froh begrüßt! –
Was uns als Unterhaltung packt,
war damals reiner Arbeitstakt
und hat die »Crew« hart angetriebn
beim Segelsetzen, Anker hievn!:

Wir lauschen gern den Melodien,
geben uns der Romantik hin
– und ziehn beim »Seetörn« statt »Blaumann«
im Urlaub »Buscherundje« an!

Lüchtentoorns

Op de Seekort Törn afsteken
un den Kumpassgrad bereken,
navigeern nah Lüchtenfüürn
un den rechten Kurs to stüürn,
is't woll nödig, ok bitweilen
de Landmarken antopeilen,
as dor sünd de Topps von Bargen
– orrer Lüchtentoorns opragen,
de dat Fohrwater markeeren,
so ne Havaree afwehren!
Bunt anpönt, dat sei nich rosten,
stohn sei eensam op ehrn Posten!
Sei sünd Bookunst ohneglieken;
dat mokt Freud sei antokieken,
so den Ünnerscheed erkennen
– um sei nah den Standort nennen!

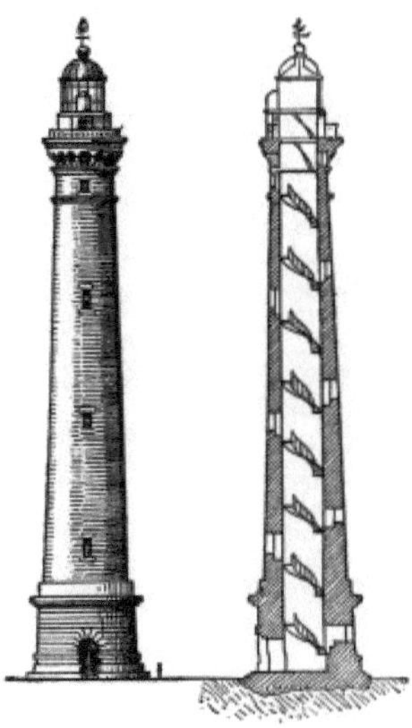

Leuchttürme

Wer nach Sichtpunkten navigiert
an Landmarken orientiert,
ist immer davon angetan,
wenn er'n Leuchtturm ausmachen kann!_
Schon in antiker Kulturwelt
ein Leuchtturm zu den Weltwundern zählt:
Der Pharos-Turm zeigt von weither
den Seefahrern im Mittelmeer,
wenn dann sein Lichtsignal aufblinkt,
dass bald der Heimathafen winkt! –
Sie stehn wie eine Küstenwacht
mit Sichtsignal in dunkler Nacht;
mit Kennung mittels Strahlenschein
wollen Wegweiser sie auch sein!
Sie sind mit Freuden anzusehn,
– so, wie sie dort auf Posten stehn!

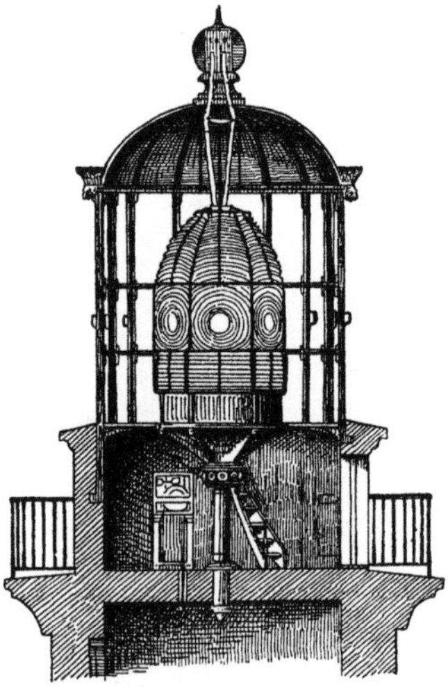

Twee verscheden Mannslüüd

Bi us wiest de »Klabautermann«,
wo een ohn Arger schippern kann;
för'n Seemann, woneem de ok reist,
is hei an Bord de goode Geist! –

In't Bergwelt is dat allemal
de goode Berggeist »Rübezahl«
mit Knotenstock un struppig Bart:
een Grootkierl von urwüssig Aart! -
De lütte Mann wohnt ünner Deck,
de grode in't Dannenversteck!
Doch wat de beiden Godet doon,
dat is woll meerst um Gottes Lohn!
Verswiegen is ehr Hülp un sacht,
doch allewiel daarop bedacht,
to lichtern mennich bitter Leed
mit Mitgefühl, ohn Ünnerscheed! – – -
Blots wenn de Minsch undankbar is
un jem verlacht, gifft Ärgernis,
vertreckt sick de »Klabautermann«,
un »Rübezahl« blifft in de Tann!

So is de Minsch dann sülbig Schuld,
wenn hei verspeelt der Geister Huld! –
Sück goode Geister still verehrn,
dat draff hüütdags us nums verwehrn!

»Rübezahl«

Wo wir immer uns bewegen
»Rübezahl« ist schon zugegen!
Er will uns ein Beispiel geben,
dass wir allezeit im Leben
furchtlos auch durchs Dunkel wandern,
einstehn Einer für den Andern! -
Es gibt doch so viel Geschichten,
die von seinem Tun berichten
in den Sagen und Legenden,
wie er mit hilfreichen Händen
war bemüht Sorgen zu mindern
und so manche Not zu lindern! – – –
Andrerseits kann's auch geschehen,
dass Manche düpiert dastehen!
Denn dass man es recht ermesse:
Er treibt auch mal grobe Spässe!
Rübezahl!, – es mag so bleiben,
solch ein Spielchen zu betreiben! – – -
Er gehört zu den Gestalten,
die uns stets als Vorbild galten,
die wir mit Respekt betrachten
und auch weiterhin hoch achten!
Vielleicht wird es uns gelingen,
dieses Allen beizubringen …

Die urdeutschen Symbolfigurn erkennt man klar an ihren Spurn

Klein-Erna möcht ganz sicher sein,
kauft nur bei Tante Emma ein!
Nauke und Ede in Berlin
zieht's stets zur Berolina hin!
Tünnes und Schäl drehen ihr Ding
beim Karneval in Köln am Ring!
Wenn Antek mit dem Frantek spricht,
verstehn das selbst die Schlesier nicht!
Bavaria den Bayern nützt,
das Müncher Kindl ist geschützt!
Masurischer Pumuchelskopf
nascht Fleck nur aus dem Bärnfang-Topf!
Den Bremer Jung, Hamburger Deern
hat man im Norden allzeit gern!
Hein Mück kommt von der Waterkant,
Jan Cux entstammt dem Elbestrand!
Lange Anna im Wasser steht,
ein Baby Doll ist Spielgerät!
Des Rattenfängers Flötentrick
ist Vorbild in der Politik!
Stadtmusikanten fehlen nie
in Bremens Musik-Szenerie!

Der hätt ein Loblied angestimmt,
wer Münchhausen als Beispiel nimmt ...

Lautstarke Begrüßung

In Innung, Club, Verein und Zunft
hat man's als Eigenart bewahrt
und spricht bei der Zusammenkunft
sich an auf altgewohnte Art:

Der Jäger grüßt mit »Weidmannsheil«,
im Wald erschallt sein »Horrido«;
die Fischer sagen »Petri Heil«,
sind ob des guten Fanges froh! -
Des Bergmanns Ruf tönt als »Glückauf«,
wenn er hinab zur Tiefe fährt;
und »Gut Holz« haben Kegler drauf,
dass »Alle Neune« es beschert! –
Die Schwimmer springen mit »Gut Nass«
ins feuchte Element hinein;
»Alaaf – Helau« bringt Narrenspaß
für Jeckenzunft an Rhein und Main! –
»Hau-ruck« erklingt's an manchem Ort,
dass Schwerarbeit dann leicht gelingt;
voll Grauen dreht sich ab der Lord,
wenn für ihn ein »Ahoi« erklingt! –

Wenn alles passend ist getrimmt,
so, wie's in Bremen stets geschah,
gibt's einen Gruss, der immer stimmt:
Dreifaches Hoch = »Hipp-Hipp-Hurra«!

»Dunn heff ick lacht – un hefft mi dacht ... !«

na de Singwies »dat du mien Leewsten büst ...!«
ut Meckelnbörg, anstött von Ann-Charlott Settgast
un kumpletteert von Ernst B. R. Dünnbier, Bremen

Dor weer een Nachtkunzert,
klang dör den Wald.
Veerstimmig weer't antohörn,
wat wiethin schallt:

»Heff dor wat jaulen hört,
na wat is dat?
Dunn heff ick lacht und hefft mi dacht:
dat is de KATT!«

»Heff dor wat kreien hürt,
hürt sick scheun an!
Dunn heff ick lacht und heff mi dacht:
dat is de HAHN!«

»Heff dor wat bölken hürt,
to'r Midnachtsstund!
Dunn heff ick lacht un hefft mi dacht:
klingt as de HUND!«

Heff dor wat blöken hürt,
lud as een Oss!
Dunn heff ick lacht un hefft mi dacht:
de ESEL as Boss! – – –

Wo HUND un KATT wi sünd,
ESEL un HAHN,
dunn fangen wi mit Singeri
ok ganz fors an!

Wenn die Bremer Stadtmusikanten aufspielen

Wie wir's als Kind schon kannten:
Die Vier Stadtmusikanten
tun's auf besondre Weise,
vielstimmig und nie leise.
Was laut sie intonieren,
um uns zu imponieren,
wird fröhlich rausgesungen;
und so hat es geklungen:

»I-ah, I-ah« der Esel sagt,
»Wau-Wau« dem Hunde wohl behagt,
»Miauh-Miauh« vom Katzenvieh
mischt sich mit Hahnschrei »Kikriki«!

Wie einstmals das gewesen,
kann man im Märchen lesen.
Doch wenn sie heute kämen,
wär's »Rentner-Band« aus Bremen.
So wie sie es verkünden,
soll dieser Gruß Euch finden;
so soll uns amüsieren,
was hier sie intonieren.

... as Märkenspeel kumplett ...

In't Märken ist to lesen,
woans dat fröger wesen,
as noch Keeneen se kannten,
un sei as STADTMUSKANTEN
versöken wulln, in Bremen
der »Tonkunst« sick annehmen:

De ESEL kann luud krischen,
de HUND knurren un zischen,
de KATT miau – tonieren,
de HAHN kikerikieren!
So mokt se as »Quartett«
dat Märkenspeel kumplett!

Dat weer all bannig düster,
as sei mit veel Klamüüster
in't Räuberhuus infullen
un sick an Wust und Stullen
kunnen den Buuk vollslagen,
dat Gaunerpack verjagen!

Hüüt is't noch to belewen,
wo sei't as »Spillwark« gewen
un as in ole Tieden
sick mit Gandeeven strieden;
– wiel liekers doch vondagen
Räubers in't Rathuus tragen!

»BREMEN BEST« ertönt's von STADTMUSIKANTEN

BREMEN ist als »Märchenland«
in der Welt sehr wohl bekannt,
ESEL, KATZE, HAHN und HUND
machens allenthalben kund:
Wie »I-ah!« der ESEL sagt,
hat »Wau-Wau!« der HUND geklagt;
dann »Miauh!« die KATZ geschrien
zu des HAHNes »Kikrikien!« –
Drum kennt man sie weltenweit:
Hatten mit den Räubern Streit;
doch nach dem »Quartett«-Geschrei
war der Räuberspuk vorbei!

Was sie schafften mit Geschick,
ist drum BREMENs Werbetrick!
Ganz egal, wie der auch klingt,
wichtig ist, dass er gelingt!
Oftmals wurde schon kopiert,
wie man »Stadtmusik« vorführt.
Doch was »typisch bremisch« wär,
zu erklären ist nicht schwer:
denn die wahre »Bremer Art«
wird ganz sorgsam hier bewahrt!
Ob es Ost, Süd, Nord, ob West,
immer heißt es :«BREMEN BEST!«

Wenn mol de STADTMUSIKANTEN
as Quartett to'n Danz opspeelen
op de Aart, de Alle kannten,
heet dat blots: »Danz op de Deelen!«,
GRAUTIER zuppt das Bass-Gebrummel,
un de KATT bloost Flötentöne;
wenn de HUND sleit op de Drummel,
sorgt de HAHN för Stimmgedröhne!
Dat's Musik as Alle mögen,

denn de geiht fors in de Beene.
Un bi solk een Danzvergnögen
kummt dat Högen von alleene!
»Rummsdibumms« de Fööt upstampen,
ok bi'n Dreihn de Zöppe flegen.
Dornoch is denn to'n Afdampen
sluckgemäss de Dorst to plegen! – – -
Wenn ik mi dat recht bekieke,
wo sei so to Veert optreden:
Dat is »Pannkoken-Musike«,
un de much Elkeen good leden!

»Wann kann man »STADTMUSKANTEN« hörn?!« –
– Das wüssten manche allzu gern,
wie ESEL, HUND, KATZE und HAHN
stimmen »zu viert« nen Chorus an,
obzwar der nicht melodisch klingt,
derweil dennoch zum Zuhörn zwingt!
Man lauscht vergnügt und gut gelaunt
solch »Song mit vierstimmigem Sound«!
So reicht's bei dem Vokal-Quartett
vom Brummelton bis zum Falsett!

Es übertönt das »Kikriki«
des Hahns der Katze »Miau-Mi«;
der Hund winselt wie'n Bariton,
des Esels Bass ist tiefster Ton! –

Man trifft sie nicht im Musical,
auch nicht beim Weser-Festival,
treten nicht im Theater auf,
bestimmen keinen Festverlauf! –
Wenn man am Rathaus sie befragt,
wird flüsternd ein Termin gesagt:
Mit selbsterdachten Melodein
solln sie sodenn zu hören sein
bei Vollmond und zur Geisterstund
die Vier als KATZ, ESEL, HAHN und HUND!

»Ischa Freemaak!«

För'n Bremer is dat'n Ehrensaak,
tominnst eenmol öwern Freemaak!
Dat hört dorto, dat mutt woll sien:
blots so – un nich »pusskattenfien«!
De Bremer geiht mit siene Gitsch
op Bummeltuur un »Langs de Glitsch«! –

Kiekt hier mol rin, mokt dor wat mit,
vertehrt mit goden Appetit
Smoltkoken, Mandeln, Negerkuss,
Pommsfritz, Kurri- un Röstbratwuss.
Lutscht Ies, Kaschuus un Babbeleer,
sluckt Gleuwien, Grog un Lagerbeer!

Wiel't em vör't Achtbahnlooping graut,
hei allnfalls »op den Lukas haut«! –
Mutt twüschendör »mal ut de Büx«!,
kofft Lose – un gewinnt gor nix! –
Neiht ok vör »Schietenweer« nich ut
un seggt to sick: »wat mutt – dat mutt«!

… denn in Bremen is »FREEMAAK«

Zu Freimarkt bleibt man nicht allein,
man stürzt sich mutig in den Trubel!
Auch Schmuddelwetter muss dann sein;
so ist was los, dann »rollt der Rubel«!

Der Platz ist rappeldicke voll,
die Orgeln spielen frohe Weisen!
Das Riesenrad dreht sich wie toll
und lässt den Magen kribbelnd kreisen!

Da ist viel Schmatz und Schmus erlaubt,
man lässt sich gern mal locker gehen!
Wenn Einer gar vor Schnupfen schnaubt,
er muss doch hin – und »nur mal sehen«!

Nur schlechte Laune gilt dann nicht,
man mag gern Grog und Glühwein schlürfen!
Zu Freimarkt ärgern wir uns nicht!
Zu Freimarkt darf man alles dürfen!

LANG TO UN LAAT DI SMECKEN

Wenn Een blots itt, wat hei is wennt,
heet't: »Hei fritt nich, wat hei nich kennt!«
Doch kiekt hei sich mol richtig um,
hett elkeen Maand »specificum«,

Inn JANUWOOR wenn'n Snuuvnees hest,
hölpt »Stieven Grog« di allerbest!
Wenn FEBERWOOR dat Iis opbricht,
is »Kohl un Pinkel« letzte Plicht!
MÄRZMAAND bi'n ersten Vörjohrswind
sind jipprig wi op »broden Stint«!
APRIL wenn't Wedder is verdwars,
bringt »Eierspaß« de Oosterhaas!
MAI – WONNEMAAND gifft all »Granat«
un denn ok noch »Mai-Scholle, satt«!
De JUNI – BRAAKMAAND hett keen Not:
»Spargel is för de Mannslüüd good«!
In JULIMAAND is »Grillfesttied«,
de »Bratworst« rökt all siet un wiet!
De Urlaubsfohrt is inn AUGUST,
de Buuk swillt an för »Schlemmerlust«!
Allens wat so in Goarden wasst,
HARVSTMAAND – lich good to'n »Eentopp« passst!
OKTOBERMAAND fiiern wi »Freemaak«,
mit'n »Spickaal« is dat Ehrenssak!
NOVEMBER – NEVELMAAND ok heet.
gifft »Martinsgans« to'n Dischgebet!
»Klaben« un CHRISTMAAND hörn tosamm,
un »Vullbuuksabend« is't Programm!

So'n Johr vergeiht doch veel to gau,
un wer so wesselt, de is schlau;
– de nimmt von elkeen M a a n d just dat,
wat Markt un Kök to bieten hat!

Appetitlicher Monatswechsel

Was Abwechslung ins Essen bringt,
ist jahreszeitlich doch bedingt;
wird die Gewohnheit so gepflegt,
sich Appetit von selber regt:

Wenn JANUAR der Schnupfen plagt,
ist »Happy-Grog-Time« angesagt!
Im FEBRUAR wird unbeschwert
noch »Kohl und Pinkel« satt verzehrt!
Im MÄRZ kommen als Weserfisch
»gebratne Stinte« auf den Tisch!
Ist's Wetter APRIL-wechselhaft,
werd'n »Ostereier« rangeschafft!
Der MAI den Frühling bringen muss,
»Mai-Schollen« sind ein Hochgenuss!
Im JUNI, wenn der »Spargel« spriesst,
man den »mit Schinken« gern geniesst!
Die »Grillwurst« man sich schmecken lässt
beim JULIMOND zum Gartenfest!
AUGUST, da wird die Urlaubs-Tour
zur »Schlemmerfahrt«, trotz Badekur!
SEPTEMBER gibt's im Angebot
schon »selbstgebacknes Kürbisbrot«!
OKTOBER hält zur Freimarktszeit
»Puffer« und »Schmalzkuchen« bereit!
NOVEMBER steht man voll und ganz
auf »Rotkohl zu der Martinsgans«!
Der »Klaben« hat zwar Schwergewicht
und ist im CHRISTMOND wie'n Gedicht!

Wer sich an solche Regeln hält,
dem ist der Tisch stets gut bestellt;
der macht auch allweil fröhlich mit,
wenn's heißt: »Na, Guten Appetit!«

»FISCH« gifft dat noog un satt, dor bist wi'n Flunner platt

Wi us Deerten-Quartett
Viduutz op »Fisch« mol hett,
fohrn sei to'n »Ossiland«,
hen nah de »Waterkant«,

De ESEL wünscht sick risch
een Paatschoon »Butterfisch«;
de HUND weet wat he wull,
bestellt ok fors een »Schull«;
de KATT wull nipp un nau
blots broden »Kabeljau«;
de HAHN, de fordert kess
een Pott vull »Bulljaaabess«! –

Dat dor de Fischermann
as »Knurrhan« optreen kann,
hei »Meeresfrucht« serveert,
mit »Musseln« riek garneert!
Ok von »Granant »gifft noog,
»Smuttaal« fresch ut den Rook! –

Sei heel tofreden warrn:
Drum is't keen »Seemannsgaarn«,
wieldat sick de Poet
as »Dintpuster« bemööt;
wi'n »Seedüvel« op Stäh
schrifft hei so'n Reemeree!

»STADTMUSIKANTEN« steht der Sinn von BREMEN mal zur NORDSEE hin

Dem ESEL mit dem grauen Schopf
schmeckt »Butterfisch« und »Muscheltopf«.
Der HUND bestellt mit viel »Wau-Wau«
sich ne Portion vom »Kabeljau«!
Die KATZ verzehrt nen »Brathering«,
sie maunzt »Miau« und tanzt dann Swing!
Ne »Fischsuppe« verlangt der HAHN,
gibt dann als »Knurrhahn« mächtig an! – -
Als »story« von der WATERKANT
wird sowas »Seemanngarn« genannt!
Ein »Tintenfisch« schreibt kein Gedicht;
und »Quallen« die umarmt man nicht! – -
Die »Seezungen« fängt man im Watt,
»Schollen« und »Flundern« sind ganz platt!
Wer'n »Seeteufel« geangelt hat,
ist keinesfalls ein »See-Pirat«!
»Seetang«-Spinat und »Lebertran«
schmeckt nicht mal dem »KLABAUTERMANN«!
»Austern« gelten als »Meersfrucht«,
nur »Perlen« man vergeblich sucht!
Ein »Rochen« flattert durch das Meer,
verwirrt als »Manta« den Verkehr! –
In »FISCHKOPP-CITY« heißt – o Graus! –
die »Wantenschiere« auch »Labskaus«! – -
Doch »Alte Liebe« rostet nicht,
wie »JAN CUX« und »HEIN MÜCK« verspricht! -
Dem »SEEMANN« hilft bei Sturm und Smog
noch immer ein »ganz steifer Grog«! – – -

»Matjes« sind »Silber-Meisjes«

Ne Nordland-Spezialität
im Süden in Verruf gerät:

Ein Schweizer, dazu animiert,
entgegnet sogleich ganz pikiert:
»Ich esse keinen toten Fisch!
Der käm bei mir nicht auf den Tisch!
Gekocht, gebraten – ess ich den!« –
Kann uns somit wohl kaum verstehn,
begreift nicht unser Angebot,
– denn er verwechselt »roh« mit »tot«! – – -
Es schaut erstaunt, dann zu erfahrn,
wie »mild gesalzen« ist zu wahrn
des MATJESHERINGs Wohlgeschmack
– als »Fischfilets« im Doppelpack! – – -
Wir sagen es ganz frei heraus:
»Für uns ist Fisch ein Leckerschmaus!«,
und laden ihn ganz herzlich ein,
im »Seefisch-Studio« Gast zu sein!
Bei flottem »Rees« wird dort gezeigt,
wie Hausfraunkenntnis dazu reicht,
ganz ohne Kochkunst zu studiern,
– ein lecker Fischmahl zu serviern! – – -

Da klingt zunächst zwar wunderlich,
– doch es ist nicht absunderlich …

Auf friesisch heißt ne Insel »-oog«, und dort liebt man den »Eiergrog«!

Erklimmt ein »Nordlicht« Bergeshöhn,
würd er dennoch auf »Grog« bestehn:
Wasser vergrault den »Fahrensmann«,
doch »Rum muss sein – und Zucker kann!«
Den wahren Seemann nichts verdriesst,
wenn nur sein »Tee recht nördlich« ist! –

Doch überall im Alpenland
wird Grog nur »Jagertee« genannt
als eine Allzweck-Arzenei
bei Kümmernis und Wehgeschrei!
Käm mal ein »Älpler« hoch bis Nord,
wär »Hüttenrum« sein Losungswort! –

Wenn's »Nordlichter« nach Süden zog,
vermissen sie den »steifen Grog«.
Jedoch Ersatz für den Verlust
beflügelt ihre Lebenslust:
sehn Alpenglühn statt Nordseewelln,
wenn sie sich »Jägergrog« bestelln! –

Skandinavischer Trinkspruch-Wunsch
ist »Skal« beim leckern »Schweden-Punsch«!

»Harr' wi man eenen« ...

... meent dorto: Watt mutt – datt mutt!« ...

»Swiensfleesch« kannst nich blots vertehrn,
ok in Spreekwies is't to hörn!
Een »Saukierl« is woll keen Vieh,
een »Swienjack« passt nich to di! – -

Mit Geschree: as eegentlich
is solk »Swienkram« ekelig!
Sind inn »Swienstall« Ji geborn?;
»Söög« Jo inn Galopp verlorn? –

Un dor bringt ok keen Gequassel
Jo ut den »Aaskram«-Schlamassel!

Mit Sott, Slump und Swieneglück
schafft Een mennich Arbeidsstück;
wat ansunsten Plackeree
weer un is ne Schinneree! –

Wiel hei wull dat »swiensplietsch« bringen,
kunnt't mit »Dusel« woll gelingen! – – -

Dat Een sick wat gönnen kann,
mokt hei sick an't »Sporswien« ran,
un haut dat ok fors kaputt;
meent dorto: »Watt mutt – datt mutt!« ...

SAUSTARK

Manchmal gibt's ein groß Geschrei: »Das ist doch ne Sauerei!«
Darum dürft es kaum gelingen,
uns von »Schweinkram« abzubringen!
Muss ein Schwein als »Hackfleisch« enden? – – -
Alles ist voll zu verwenden:

»Kottlett«, »Kassler«, »Krustenbraten«
schmecken gut – ohne Zutaten!
»Kohl und Pinkel« sie servieren,
wenn wir draussen erstmals frieren!
Hat das Frühjahr angefangen,
steht auf »Eisbein« das Verlangen!
Um »Schlachtbrühe« recht zu nutzen,
muss man »Knipp« alsbald wegputzen!
Doch auch Vorsicht ist geboten,
reicht man »Schnuten« dir und »Pfoten«!
Mit ner »Plockwurst« lässt sich winken,
und meint dennoch »Räucherschinken«!
»Bacon« – aber scheibchenweise –
ist britische Frühstückspeise!
»Aufschnitt«, »Würstchen«, »Schwartemagen«,
was drin ist, kann keiner sagen!
Was ist endlich nachgeblieben?:
Nur ein »Schmalztopf voller Grieben«!
Und aus all den Schweineknochen
lässt sich noch ne »Suppe« kochen, – – -

Würde man mal etwas wagen,
sollt man »Schwein gehabt« auch sagen;
und statt angsterfüllt zu zittern,
das »Sparschweinchen« reichlich füttern!
So erledigt sich dabei – das Problem der »Schweinerei« …

»Ostfreesen-Nerz« un »Buscherump« verkielen nich den »Wielstock-Jump«!

»Ostfreesen« föhln sich »best op Stäh«,
wenn't Kluntjes gifft to'n »Koppje Tee«!
Wenn sei »op Saaterlandsch« parleern,
Kann dat een »Quittje« nich kapeern!

»Ostfriesenwitz« vergnöögt de Welt,
doch jem dorför Verständnis fehlt;
so schalten sei as Afwehrmuur
denn liekers ok ganz fors »op stuur«! –
De Hoffstäh kreegt de ollste Sohn,
de Annern mööt »nah See hen gohn«
op Granaatfang vör'n Küstenrand
un as »Kaptein ut Ossiland«! –
Mit'n Weder hebbt se keene Not:
»Ostfriesen-Nerz« is alltied good:
de »Troier« un ehr »Buscherump«
verkieln ok nich den »Wielstock-Jump«! -
Bi'n Wietwurf mit den Gummischoh
un Kugel-»Bosseln« mit Hallo
geiht't winderdaags entlang den Diek;
un »Doornkaat-Sluck« verlohnt den Sieg! –

Ann »Opstaalsboom« begööscht sei dat,
wo't heet: »Frisia non cantat«! –
un swört, so as dat jümmers weer:
»Lever dood as Slaav« – un sünst nix mehr!

OSTFRIESLAND – und de »Waterkant«,
= allens in Butter auf dem Kutter =

Von Oldenburg bis Emsland hin:
Da liegt OSTFRIESLAND mittendrin
und hat so manche Eigenart
als »Markenzeichen« sich bewahrt:
Ostfriesen, die »zur See« gefahrn,
als Heimatsehnsucht aufbewahrn
die Rückkehr ins »Gelobte Land«,
»Costa granata« auch genannt! –
Moore heißen bei ihnen »Fehn«,
wo allzeit raue Winde wehn.
Den Binnen-»See« nennen sie »Meer«.
Gut war's, wenn »allns in Smeer un Teer!« –
Ostfriesen sind durch ihren »Tee«
doch »jümmers allerbest op Stäh«!
Mit »Kluntjes« ist der'n echtes Muss,
ist Lebensart und Hochgenuss! –
Was kommt denn sonst noch – ausser Fisch –
als landestypisch auf den Tisch?:
Waffel – »Kokjes« und »Bohntjesupp«,
»Wrucken«, »Buuskohl« und »Doornkaat-Schluck«! –

Es ist als Ferienziel beliebt,
weil's »Kutterfahrt« und »Wattlauf« gibt;
auch Sonnenbad am »Nordseestrand«,
Das ist der Reiz der »Waterkant«!

»SEEFOHRT – LABSKAUS«,

De »Sailor« kaut an't Zwiebacksbrot
un seggt dorbi: »Seefohrt is Not!« –
Anbieten as »Seefohrtgericht«
is för den »Smutt« ne Ehrenplicht!:
Blots wat he opdischt as »Labskaus«,
dat fritt hei sülbens nich, o Graus!
Wat de in sein Kombüse kookt,
wat hei »ut Bilgenwater mokt«,
dat würgt »Janmaat« ganz mühsam daal,
un is förwiss keen Festdagsmahl.
De »Smutt« stickt »allens wat is rott«
mit galstrig Soltfleesch in den Pott! –
»Hein Seemann« meidet so'n Vertehr
un nimmt dat woll »as Wantensmeer«! – – -

Wi hebbt't as Eten nieg entdeckt,
weil's deftig is – un lecker smeckt:
»LABSKAUS« as »Spezijaliteet«
is beter as »Kohldamp-Diät«! –
Wat Een so dörch de Kehle neiht,
un wo ok gor keen Hahn nah kreiht,
is godet Eeten, klorer Sluck;
dat haun wi weg: ganz kort-ruck-zuck! –
Een satten Rülps is de Bewies
von Wohlgefühl un Lewenswies!

Zum Brudermahl: »Bremer Labskaus«

Nach altgewohnter Seemannsart
gab es dereinst »auf GROSSER FAHRT«
als Stammgericht oftmals »LABSKAUS«!:
Für »Jantjes« war's manchmal ein Graus,
was so der »Smutt« zusammenmischt –
und auch noch wagt, dass er's auftischt!
»Hein Seemann« ist zwar viel gewöhnt;
doch wenn es durch die Messe dröhnt:
»Das kriegt kein »Sailor« durch den Hals!,
ist »Wantenschmiere« allenfalls!«, -
dann fliegt die Back nach aussenbords
und schlägt's »Neun Glasen« bei den »Lords«! –

Heute passiert »an Bord« das nicht,
dort gibt's das als Tiefkühlgericht,
per Mikrowelle aufgewärmt! – – -
Doch wo »an Land« man davon schwärmt,
wenn mal Labskaus steht auf dem Plan,
dann ist auch alles drum un dran,
wie's nach der Tradition muss sein, -
und Alle hau'n begeistert rein:
Kartoffeln, Zwiebeln, Pökelfleisch
(zur Not auch Cornedbeef-Büchsenfleisch),
das gibt die rechte Grundsubstanz.
Genüsslich wird die dann erst ganz,
wenn Zutaten sie komplettiern! –
Daran wolln wir uns delektiern!

... wenn't richtig good bi Rippen steiht...

Is't buten koold un winterfrisch,
kummt stevig Eeten op den Disch,
dat denn dör seine Deftigkeit
ok richtig »good bi Rippen steiht«,

»Bruunkohl un Pinkel« to vertehrn,
dat mag een Bremer allto geern.
Sowat passt best to'r Wintertied,
smeckt lecker – un mokt »Apetiet«!
Stohn vulle Schötteln op de Back,
dann geiht hei ran mit »Smacht« un »Smack«!
Von't »Kasseleer« un von't »Buukspeck«
putzt hei denn fors nen Batzen weg;
garneert mit »Koch«- un »Pinkelwöörst«
is't ok een Grund för'n bannig Dörst!
Inn Brunnkohl hört ok Habergrütt,
darto noch Tüffeln, – obers lütt!

Wenn annersdags de Büx nich passt,
verursookt em dat keene Last:
denn giff't ne Fastensperiood;
– dat neegste Mol smeckt woller good!

Es heißt einfach: »KOHLESSEN – satt«!

Ein typisch norddeutsches Gericht,
wie es der Jahreszeit entspricht,
das hört »in Bremen und umzu«
im Winter unbedingt dazu:

Egal, ob einfach nur zu Haus
oder sogar als Festtagsschmaus,
da fällt dem Bremer sofort ein:
»Braunkohl und Pinkel muss es sein!« –

Die Hausfrau war einst drauf bedacht,
dass sie die »Pinkel« selber amcht,
wie sie die selbst zusammenmischt
und als ihr »Hausrezept« auftischt!
Doch jetzt sagt man: »das war einmal!«,
dem Einkauf stehen heut zur Wahl
solche als »bremisch vorgegart«
oder »nach Oldenburger Art«!

Genau so wichtig ist dabei,
dass reichhaltig vorhanden sei,
was als wichtige »Zutat« gilt,
womit man sich den Teller füllt:
An »Kassler, Kochwurst, Räucherspeck«
putzt man Beachtliches hinweg!
Kartoffeln dienen als Zierrat!
Es heißt ganz einfach: »KOHLESSEN – satt!« -

Dieser Genuss hat sehr entzückt;
die Waage spielt danach verrückt!
– Doch das liegt sicherlich daran,
dass man zuviel vom Senf sich nahm…

Wenn't »wat rejellet« to eten gifft...: »KOHL und PINKEL«

»STADTMUSIKANTEN« weeten all,
wat een in Bremen eten schall:
De »VEER« weern kregel, föhln sick risch,
seeten begierig um den Disch
un tövten, wat de Weert opföhrt,
denn »Bruunkohl« harrn sei anviseert.
So'n Eten gilt as »watt rejellt«,
drum hebbt sei't ok »för satt!« bestellt –
mit Cassler, Pinkel, Wurst un Speck.
Dat neihn mit deftig Smack sei weg!

De ESEL langt glieks nah den Kohl,
den he mit Tüffeln slingt hindool!
De HUND is mehr för krachtig Kost,
nimmt rökert Cassler sick to'r Bost!
De KATT leggt sick de Wust bisiet,
putzt weg den Speck mit veel Aptiet!
De HAHN, de sunst an Korn rumpickt,
hett fors de Pinkelwurst wegdrückt! –
Sind denn ann Slusss de Platten blank,
steiht'n leddig Semppott op de Bank! –

Tofreen se wackeln mit ehrn Steert:
»So'n smacklich Mahl is doch wat wert!«
Blots Musik maken wulln sei nich,
de vullen Büük wern hinderlich.
Een satten Rülps is de Bewies
von Wohlgeföhl un Lewenswies!
Dat beste weer, een legt sick brav
de Lengte lang to'n Middagsslaap! –
»Bruunkohl« is us Spezijaliteet,
is beter as »Kohldamp-Diät!...

»Hochgenusss – ganz ohne Reue«

Würd man einen Bremer fragen,
was an kalten Wintertagen
wohl die rechte Mahlzeit wäre,
jahreszeitlich er begehre,
würde er – ohne zu zagen –
sogleich »KOHL und PINKEL« sagen!
Selbst die »BREMER STADTMUSKANTEN«
dies sofort als Wunschtraum nannten:

Mit »Braunkohl und Kasslerbraten«
ist der ESEL gut beraten!
Und der HUND würd sich verstecken,
dabei »satt« vom »Bauchspeck« schlecken!
»Kochwurst« würd zur KATZE passen,
sie genüsslich schmatzen lassen!
Doch dem HAHN, dem eitlen Ginkel,
schmeckt sogar die »Bremer Pinkel«!
Und sie staunen, was ihr Magen
ohne Knurren kann vertragen! –

Grade, weil sie lang schon schmachten,
können sie das nicht verachten:
Wollen solchen Spaß nicht missen,
haben drum ein gut Gewissen:
Hochgenuss – ganz ohne Reue
reizt so jedes Mal aufs neue!

»Sehr zum Wohle!«

Es sucht Jeder sich das Seine,
wie es dem Geschmack entspricht.
Ist man erst ein Freund der Weine,
dann fällt schwerlich der Verzicht!

Denn der Wein schafft Wohlbehagen,
passt für die Gemütlichkeit;
Hochgewächse, edle Lagen
hält der Winzer stets bereit!:

Ob er lieblich oder trocken
oder einfach »süffig« ist,
da muss keiner durstig hocken,
weil man stimmungsfroh geniesst!

Die Geschmäcker sind verschieden;
wenn Genuss ist angezeigt,
es persönlich und gediegen
zur Zufriedenheit gereicht!:

»Wohl bekomm's!«

Im Ratskeller zu Bremen

Rotspon, Riesling, Muskateller,
Wein aus allen deutschen Landen
sind im Rathaus – tief im Keller –
gut und ausreichend vorhanden!

Und der kundge Kellermeister
kommt, die Gäste zu beraten;
er erweckt die Kellergeister
zu beschwinglich guten Taten!

Bester Wein aus edlen Trauben
soll zum Wohle uns gereichen.
Nichts kann uns die Freude rauben,
es herrscht Frohsinn ohnegleichen!

Bacchus auf dem Fass ganz oben
wird dazu nen Toast ausbringen,
wenn wir seine Schätze loben
und die Gläser hell erklingen!

Habt Ihr dieses wohl vernommen
und wollt dazu noch mehr wissen,
dann müsst ihr nach Bremen kommen
– und hier guten Wein geniessen!

»Harrn wi man eenen!«
Na denn: »Lang mal röber!«

Een lütten »Drink in de Morningtime«
is beter as'n ganzen Dag gorkein! –

Een lütten »Sluck in de Afternoon«
mokt den Minschen wiss nich duhn! –

Een lütten »Drink to'r Eveningstünn«
smeckt bestens meist mit gode Frünn! –

Mit'n lütten »Sluck to Middernacht«
is denn dat Dagewark vollbracht! –

So'n »Lütten Drink« is Seelentrost
un töwt blots op dat frohe »PROST!«! –

Hest'n »Lütten Sluck« gau bi de Hand,
verdröögt so licht nich de Verstand! –

Un wenn een fragt: »Watt schall denn dat?«,
Een rechten Kierl de bruukt sowat!

Un kiekt de Fro bedrappelt drein,
denn schenk ehr for's ok'n »Lütten« ein!« –

– Na denn: »Lang mal röber!«

Biergenuss

Seute Melk is för de Kinner,
Bottermelk is för de Swien.
Water suupt de Peer un Rinner,
för den Mann schallt Beer woll sein!

Vorzugsmilch ist für die Kinder,
Magermilch gibt man dem Schwein.
Wasser saufen Pferd und Rinder,
für den Mann soll's Bier wohl sein!

Ammenbier ist für die Mammies,
Senatsbock schmeckt stundenlang.
Budweiser gibt's bei den Amis,
Kräusenpils ist Männertrank!

Jeder trinkt nach eigner Masche
aus dem Krug und aus dem Glas.
Andre lieben's aus der Flasche,
mit »gluck-gluck!« macht's richtig Spaß!

Biergenuss soll Freude bringen
und hält die Gedanken klar.
Dem darf man ein Loblied singen,
denn was rein ist, ist auch wahr!

Babbeler

Wenn hier een Pott mit Whisky steiht
un door een Pott mit Beer,
denn loot ick Beer un Whisky stohn
un kööp mi'n Babbeleer.

'n Ba, 'n Ba, 'n Babbeleer,
'n Ba, 'n Babbeleer,
'n Ba, 'n Ba, 'n Babbeleer,
'n Babbeleer mutt her.

He smeckt so sööt, he smeckt no mehr,
un heff ick mol Mallheur,
den steek ik mi so'n Dings in'n Hals,
wenn't ween mutt ok verquer.
'n Ba, 'n Ba, … …

Un wenn ji mol no Bremen koomt
un weet nich hen un her,
goht gau in'n nächsten Laden rin
un holt jo'n Babbeleer:

mit Ba, mit Ba, mit Babbeleer,
mit Ba, mit Babbeleer,
mit Ba, mit Ba, mit Babbeleer
kummst goot dör den Verkehr.

BREMER BABBELEER sind ganz besondere Zuckerstangen.

Babeleer, müssen Sie wissen, gibt es nur in Bremen.

Sie werden handgemacht aus Zucker und Wasser, aus Sirup, Malz und Pfefferminz. Ihr Name kommt aus dem Plattdeutschen:

Babbel ist der Mund, mit dem Babbeleer gelutscht werden. Von allen Bremern gleichermassen gern. Zur Freimarktszeit und überhaupt. Und sogar von älteren Herrschaften. Die lutschen allerdings nicht aus Naschhaftigkeit – natürlich nicht! Sie behaupten, Babbeleer seien Medizin, wenn's im Hals kribbelt und kratzt.

Probieren Sie mal!

»Süsses«? Viel – aber gut!

Wir schützen sie, man mög's verzeihen,
die typisch Bremer Schleckereien,
Wovon man hier nicht lassen kann;
die kennen wir von Kindheit an:

Beliebt sind stets – binnen und buten –
die legendären »Bremer Kluten«;
die, schwarz-weiss länglich und vierkant,
bestehn aus Pfefferminzfondant! –

Wie Andre Zuckerstangen schlecken,
heißt es bei uns »Babbeleers« lecken;
die, vom Geschamck her mit Anis,
als »Hustenbonschen« man geniesst! –

Will Einer runde Pfefferkuchen,
muss er hier »Pflastersteine« suchen;
als »Moppen« die mit Zuckerguss
gelten als Lebkuchen-Genuss! –

Wie Andre ihren Stollen haben,
verlangen wir nach »Bremer Klaben«;
der, von den Zutaten her schwer,
hört festtagsmässig zum Verzehr! –

Was wir als »Niejohrskookjes« kennen,
muss man im Waffeleisen brennen;
die werden, heiß solang es geht,
zu Knusperrollen aufgedreht! –

Will Wer gern mal »Mehlpudding« mampfen,
muss formgerecht er gar ihn dampfen;
das Kochrezept ist pflegeleicht,
dazu wird Obstkompott gereicht! –

Als Nachspeise zur »Roten Grütze«
man sehr viel Beerenobst benütze;
und nach der Bremer Hausfrauenart
wird auch an Sahne nicht gespart! –

Man kann's dem Bremer nicht verdenken
sich auf solch Auswahl zu beschränken;
egal, was man ihm offeriert:
der Bremer weiss, was Ihm gebührt!

»Veel Schwitz ünner de Mütz«

So klingt't op platt:
Du büst pitschnatt
mit arg veel Schwitz
ünner de Mütz.
De Nees ok dröppt,
de Sweet dull löppt!

Du büst vergrellt
un kiekst de Welt
vull Unverstann
traanoogig an.
Is't Snattendook
nich groot genoog!

Kannst nix an dohn,
musst op vertroon,
dat nah'n poor Daag
de Summerplag
denn woll ganz swind
een Enne find!

... »im Schweiße deines Angesichts« ...

Die Nase tropft bei Sommerschnupfen;
bei Hitze sich den Schweiss abtupfen
und keinesfalles kräftig reiben,
da kann es gar nicht unterbleiben,
sehr viele Tücher zu benutzen
– bei Schweissausbruch und Naseputzen!

Damit's der Hygiene diene,
kocht man sie in der Waschmaschine;
die werden – zu der Frau Entsetzen –
die Wäscheleine voll besetzen.
dann braucht's viel Zeit, dass sie die plättet,
– und so das Neubedürfnis rettet!

Die von Papier kann man vergessen,
die Saugkraft ist zu eng bemessen;
mehrfach benutzt man die gar selten,
obwohl sie als zerreissfest gelten.
Sie sind nur einmal zu verwenden,
– solln auch als Altpapier nicht enden!

… »buten un binnen« …

Von ehren frögert Buurnhofflewen
weer jem ok »plattdüütsch Spraak« nahblewen!
In't Glotzprogramm »binnen un buten«
weern mol de Veer as »Plattsnacksnuuten«!
Sei wulln so den Bewies antreden,
wieldat sei »baben un beneden«
sick allerbestens integreeren
un voll för Bremen angageeren:

De ESEL lett sick nich verschrecken,
draff överall »de Strippen trecken«;
de HUND fungeert as »opereeter«,
denn Filme dreihen, dat versteht der;
de MIEZEKATT versökt to singen,
blots will ehr dat nich ganz gelingen;
KIKI, de HAHN, weet't antostellen,
dat's »Dageblatt« kann wat vermellen! –
So sei den niegen »JOB« hebt funnen,
weern all Bedenken överwunnen!

... nun ein Loblied mag erschallen ...

Es sind unsre STADTMUSKANTEN
wie wir sie seit jeher kannten:

Ganz hoch aufeinander hocken
und voll Lebenslust frohlocken,
wollen sie ein Ständchen bringen.
Und so wird es leicht gelingen,
wie zu aller Welt Gefallen
nun ein Loblied mag erschallen!

Dass nachhaltig es verblieben,
heißt es: vorher fleissig üben,
zeitig auch die Stimmen schmieren,
damit im Debüt zu Vieren
solche Art der Festgesänge
letztlich fehlerfrei gelänge!

Man soll's nicht für möglich halten,
wie von solchen Tiergestalten
als ein neues Künstlerleben
sich ein Wohlklang kann ergeben!
Wenn sie per Gesang agieren,
sie zum Beifall animieren!

Dass sie als Quartett sich zeigen,
solln sie dankbar sich verneigen!

... wat allens in de Welt passeert ...

Mit dat gedanklich »Eselsbrüch«
holn wi vergangen Tiet torüch:

De »Hieroglyphen« öwerduurn
Jahrdusende op Tempelmuurn!
As een historisch Dokument
steiht allns in't »Ole Testament«!
Wo Zeus de »Götterrieg« anführt,
wurr us all in de Schooltiet liehrt!
»Imperium Romanum« weer
een latiensch Riek in't Middelmeer!
De Vesuv füürig Lava speit,
so dat »Pompeji« ünnergeiht!

Wat »Dusendeene Nacht« vertelld,
dat is Aladins Märkenwelt!
In't »Hillig Land« ann Berg Zion
funn'n Tempelritter ehren Lohn!
»Klumbumbus« wull nach India
– un landet in »Amerika«!
Nah Indien keem dormols Cabral
mit »Karawelln« ut Portugal!

Raketen seiln in't »Orbit« quer! –
blots us »Verkehr« blifft groot Mallör! – -
Un »Mini-Mundo« presenteert,
wat allens in de Welt passeert ...

Es zeigt sich im »Zeitraff-Verfahrn«, wie nachhaltig die Sprünge warn

»Hieroglyphen« deuten an,
was Pharaonen einst getan!
Als zeitgeschichtlich Dokument
verstehn wir's »Alte Testament«!
Die »Hochkultur« im Abendland
bei den Hellenen einst entstand!
Das »Römische Imperium«
war Machtbereich im Altertum!
Pompeji: steinerner Beweis
für'n »Feuersturm«, vernichtend-heiß!
Des Orients verborgne Pracht
zeigt sich in »tausendeiner Nacht«!
Per »Kreuzzug« hat die Christenheit
im Kampf das Heilge Land befreit!
Columbus wollt nach Indien fahrn,
doch Amis »Indianer« warn!
Wie »Fernost« man zur See erreicht,
fiel Portugiesen auch nicht leicht!
Man zweifelt, ob sich »Raumfahrt« lohnt?,
weil auf dem Mond doch keiner wohnt! – -

Vergangne Zeit kehrt nicht zurück,
– darum reicht dieser Überblick ...

So as Fritz REUTER dat all seggt hett

Mit klauke Spröök ut de ole Tied
kummst ok vondaag vöran un wiet!
Dat lett Fritz REUTER von sik hürn
as Riemelsprook to'n Gradeleern:

»Seht, unsre Welt, dat is ne Welt,
wie's nahrens gifft hier in de Welt!« –
»Wenn witt de Kopp un stiew de Bein,
springst nich mihr öwer Stock un Stein!« –
Dat meent, geiht een bedächtig vör,
rennt dör de Wand nich, nimmt de Dör,
kümmt hei ohne Blessurn good an,
so as hei't grodwegs schaffen kann! –
Doch wat weer nu dat rechte Dohn,
wat gifft för Arbeit denn as Lohn?:

»Wenn eener dauhn deiht, wat hei deiht,
kann hei nich mihr dauhn, as hei deiht!« –
So een dat hürt, föhlt hei förwiss,
dat hei mit sik tofreeden is …

Schwere Kunst

»Es allen Menschen recht getan,
ist eine Kunst, die niemand kann!« –
Wer's dennoch kann, den bitt ich sehr,
dass er die schwere Kunst mich lehr!
Das ist klar deutsch und leuchtet ein
und könnt fast Lebensweisheit sein,
auch wenn sie manchem nicht behagt. –
Auf plattdeutsch so's FRITZ REUTER sagt:

Wenn eener kummt un tau mi seggt:
»Ick mak dat allen Minschen recht!«,
so segg ick: »Leiwe Fründ, mit Gunst,
lehr mi doch dese swere Kunst!« –
Un he weer wiss een kloken Mann,
de just dat deiht, as good he't kann,
de so daröwer sinneleert,
woans dit Seggwies is vun Wert.

Wenn eener kümmt und tau mi seggt:
„Ick mak dat allen Minschen recht,"
So seg ick: „Leiwe Fründ, mit Gunst,
lehr mi doch dese swere Kunst."

»angli«- un annere »...zismen«

Spreekwies lebennig dann ageert,
wenn se de »- – -zismen« integreert,
is hüütgendags »super« un »in«;
hett twors mit Weeten nix inn Sinn!
Un dorum kiekt Een bass benaut
un wunnert sick, wenn he »is out«!:

De Knock-out-Slag is een »k.o.«;
statt Lebewohl heet't »a-di-o« !
De Macho-Kierl as »Supermann«
kiekt lütte Lüüd as »Minis« an!
To'n Freuhstück gifft dat nu den »Snack«,
putzt Frikadelln as »Burger« weg!

Darto hört unbedingt een »Drink«,
so föhlt Een sick all fors as »King«!
»E-mail« ersetzt de Ansichtskort
bi'n »Trip« as »worlwide« Urlaubsfohrt!
Is passend wat, gilt dat »okay«;
wo wat nicht passt, seggt Een doch »nee«! –

Dööр untländische niege Wöör
kreegt so de Spreeekwies twors wat Klöör!
Doch annersrum is't woll genoog,
warraftig nödig blifft as Sprook:
De eegenstännig Mudderspraak
solk »... – -zismen« woll gern missen mag!

»Satanische Verse« schreiben

»Doch mit des Geschickes Mächten
ist kein ewger Bund zu flechten!« –
Grad das fürchten die Gerechten
– aus Erfahrung mit dem Schlechten! – – -

Mit dem SATAN zu paktieren,
mit dem TEUFEL sich liieren,
URIAN zu konsultieren,
– ist kein Grund zu lamentieren! – –
Wer die Ehrbarkeit verloren,
so dem DÜVEL sich verschworen,
der gilt nicht als auserkoren,
– sollte »in der Hölle schmoren!« --
Auf DIABOLUS berufen,
nach dem BEELZEBUBEN suchen
und den HÖLLENFÜRST verfluchen,
sagt LUZIFER »Pustekuchen«! – -
Hab ein Wagnis ich bestritten,
voll den Grenzwert überschritten
und doch Schaden nicht erlitten;
–»Welch TEUFEL hat Dich geritten?« – -

»Satanische Verse« schreiben,
sich so an der Umwelt reiben
und auch Lästerung betreiben,
– sollte besser unterbleiben? ...

»Dat die denn doch de Düvel hol!«

MEPHISTO, LUZIFER, SATAN,
HÖLLENFÜRST, TEUFEL, URIAN
so hett as »Undeert« hei veel Naam
– un sorgt för höllsch Spijökenkram!

Het Een di argert, seggst du woll:
»Dat di denn doch de Düvel hol!
Hei schall op heeten Grill di smoorn,
de Welt hett an di nix verlorn!« – – -
Löppt wat verdwars, is wat verkehrt,
heet ok: »Daar hett mit sienen Steert
de Düvel överhen gewutscht!«;
Keen Wunner, dat's so gor nich flutscht! – – -
Daar hölpt keen Fluchen un Gebrüll,
wenn wat afsluut nich klappen will;
wiel't dann an Enn doch funkscheneeert,
heet't: »Düvel ok! – Weer schannewert!« – – -
»Du Satansbruut!, bliev mi von't Lief!«,
seggt Een, wenn'n dullet »Düvelswief«
versökt, den Kopp em to verkieln
un »Düvelskneep« mit ein to spieln! – – -
Wo'n Mannsminsch mit sien eegen Kraft
mit Swung un Knööf lichtens veel schafft,
wovon so Mennicheen blots dröömt,
ward hei een »Düvelskierl« woll nöömt!

? »typisch« oder »mystisch«?

Fremdbegriffe zu kapieren,
müsst's »Latinum« man studieren!
Und so werden solche Worte
aus der Fremdsprachen-Retorte,
auch wenn sie Verwirrung bringen,
in den Sprachgebrauch eindringen!

»Zu Risiken und Nebenwirkungen
fragen Sie den Arzt und Apotheker!«

Drum sind ärztliche Befunde
nicht gedacht »für dumme Hunde«!
Auch ist's immer so gewesen,
Packzettel sich durchzulesen,
– sich dennoch nicht danach richten; -
–so auf's Risiko verzichten! – -

Frage ist, ob's solchermassen
würd für Speisenwerbung passen?
Auch die würde schlecht bekommen,
wenn man sich zu viel genommen! – –

Nur, im Sachbuch nachgeschlagen,
klärn sich ungelöste Fragen:
Ob als »typisch« wir's betrachten,
es als »mystisch« gar verachten,
– und sie doch »final« anwenden, -
muss deutsch ganz »letal« verenden …

Nur »Gedöhns« vonn »Snackewatt«

Setten »Grappen« sick mol fast,
heff ick dormit miene Last;
un de letten mi keen Roh,
– bit ick jem utbröden doh!

Kummt een »Stichwort« mi inn Sinn,
langt't vörut dat nich glieks hin,
of ornlichet dorvon ward,
– orrer hett dat »all sooo'n Baart«?

Wat mi dör den Kopp so geiht,
unsorteert un noch verdreiht,
ward ann End to'n Riemelreim,
– blots nich sööt as Honigseim!

Klingt so'n Vers toeerst ok scheef,
wenn ick em denn von mi geev,
is dat wisslich keen Malöör,
– ick renn dör een apen Döör!

Un ick konstateer to'n Sluss:
Dor fehlde de Musenkuss!
So is't blots »wat för de Katt«,
– nur Gedöhns vonn »Snackewatt«!

... der Geistesblitz schlug voll – vorbei ...

Es heißt halt so: »Wer schreibt, der bleibt!«,
– auch wenn er nur »die Zeit vertreibt«,
So wächst was auf dem eignen Mist,
– weil »das Papier geduldig ist!«

Was er dann eifrig niederschrieb,
ist oft nur »Selbsterhaltungstrieb«,
»Selbstleuchtend« tut's der »Dichterich«;
– hat der vielleicht nen »Sonnenstich«?
»Erleuchtet« heißt auch »hirnverbrannt«,
bewirkt beim Leser Unverstand.

»Unterbelichtet« schafft er's nicht,
doch ist er auch »kein Kirchenlicht«,
das allenfalls nur blaakt und glimmt:
– kurzum »der leuchtet nicht – der spinnt!«
Wenn wer als »trübe Funzel« gilt,
– ist der schnell »out« – und »nicht im Bild!«

Wenn Fäuste mal auf's Auge zieln,
sodass daraus die Funken spieln,
dann bringt das Dichten wenig Spaß;
– das »Brett vorm Kopf« verhindert das! -
Und die Moral von der Geschicht?:
– »Wer gar nichts tut, – der sündigt nicht!«

»Eerst kieken – dann quieken!«

Es verlohnt schon, hinzugucken
eh man drangeht aufzumucken:

Plattdüütsch heet dat: Een mutt kieken,
eh hei anfangt rümtoquieken!
Ok schall Een good överleggen,
eh hei losleggt wat to seggen!
Beter noch: hei holt sien Babbel,
annerswat gifft't blots Gesabbel! –

Mol sick vörher to besinnen,
meent de rechten Wöör to finnen!
Sind de klor un düütlich wesen,
kreegt dat Muulwark ok keen Quesen!
Un Swiegstill to passend Tieden
sorgt för Ruh, Eendracht un Frieden!

Darum kann man nur empfehlen:
Erstmal leis bis fünf zu zählen! –
Man muss einfach sich getrauen,
vorher achtsam hinzuschauen …

»Speziell – nicht allgemein!«

Bislang ist mir noch zu allen
Anlässen was eingefallen,
das als passend könnte gelten:
einen Dank so abzugelten,
auch mal nen Verdienst zu ehren
oder's Ansehn zu vermehren;
Jubiläen moderieren,
freundschaftlich zu gratulieren!

»Eine Festrede soll's sein;
speziell – nicht allgemein! –«

Erst ist die Idee verschwommen;
doch auf's Thema dann gekommen
und nach Fakten Ausschau halten,
reizt's mich schon es zu gestalten,
dass dem Anspruch es entspräche;
– ich kein Porzellan zerbreche!
Möglichst mit Streicheleinheiten
sollt es Freude auch bereiten!

Nur gelobt – und nicht getratscht,
wird solch Rede gar beklatscht!

»Nutze de Tied!«

So as dat in de Bibel steiht:
»Alles geschieht zu seiner Zeit!«,
nimmt Een dat woll as Trostwoord an,
wo he wat nich verkloren kann!

»De Tied vergeiht!«, sei löppt un rennt!
Un keeneen Minschen is't vergönnt,
sei mol wat lüerlütt antoholn;
schon gor nich sei torüchtoholn!

So Mennicheen de wünscht sick woll,
dat'n »goode Tied still holen« scholl.
Doch de bedenkt nich wohr un wiss,
dat'n Stillstohn een Pedd trüchaars is!

Egol, as Een sien Tied rümkreegt,
of hei sei nutzt or quer sich leegt,
enn End is allens blots Eendoon:
Wenn »Tied is üm!« – gifft dat den Lohn!

Mit rechten Doon an elkeen Dag
de Minsch sien Tied utfüllen mag;
wenn't dornach geiht: »Nutze de Tied!«,
mokt dat tofreeden, froh un blied!

»Glück und Glas – wie leicht bricht das!«

Ein Glas, das nur noch halb gefüllt,
stets als ein Beispiel dafür gilt:
»Halb voll noch!«, sagt der OPTIMIST,
»halb leer schon!«, meint der PESSIMIST!
Die Perspektive zeigt so an,
wie man Jemand einstufen kann! –

Steht vor Dir ein gefülltes Glas,
dann garantiert das vollen Spaß.
Mutmassest Du es halb geleert,
dann sieh es besser umgekehrt;
denn noch halbvoll wird nicht bereut,
dass man am Inhalt sich erfreut!

Und auch menschliches Temprament
man an der Handhabung erkennt:
Wirft einer's gar mit lockrer Hand
voll Übermut mal an die Wand,
ist das ne Art »Scherbengericht«,
– weil »Glück und Glas gar leicht zerbricht!«

... dat will un will nich funkscheneeren ...

Afsünnerlich schient manch Geschehen;
worüm't so keem, begrippt keeneen:

»Verdammich! – Allens Mess un Schiet!«,
röppt Een, wieldat gor nix geschieht!
Daar hölpt keen Fummeln un Probeern,
dat will un will nich funkscheneeren:
»Daar klappert wat!, – daar löppt war schreeg,
jichenswat is woll daaran leeg!« –
Wat is to dohn bi sock Mallör?:
»Lang mol de Bruuksanweisung her!«

Doch de gilt lang all as verlorn;
darüm probeern wi't fors von vorn:
So weern denn doch keen Schruuven los,
– de Stecker klemmde in de Doos!
Bi'n Inschalten mokt't sachtens »Klick!«,
un fors in dissen Oogenblick
rattert all los das Händgeröö̈t:
»Den Düwel ok! – wat weern wi blöd!«

»Mit'n Schisslaweng« un mit veel Rau
klappt dat oplest ok nipp un nau!

»Arbeitsscheu« oder »Arbeitsam«?

Was »arbeitsscheu«? –, das bin ich nicht,
auch wenn so manches dafür spricht;
teil Anderen die Arbeit zu,
– so hätt ich selber meine Ruh!

Bin allnfalls »arbeitsresistent«,
sofern nichts »auf den Nägeln brennt«
und schieb es »auf die lange Bank«;
– erledig's dann »bei wegelang«!

Nur dort, wo Arbeit nötig ist
und man als sinnvoll die ermisst,
kann auch kein Zweifel mehr bestehn:
heißt's »arbeitswillig« ranzugehn!

Doch »arbeitswütig« muss nicht sein,
denn »workholic« bringt gar nichts ein! –
Nicht allzu forsch! Keinesfalls zahm
– erweist man sich als »arbeitsam«!

Wenn etwas wirklich Arbeit macht,
ist auch Ausdauer angebracht,
wie man's zu Ende bringen kann;
– als »arbeitsemsig« gilt der Mann …

Mann un Fro

Wat'n Mann vullbringt mit Armes Kraft,
de Froo mit'n lütten Finger schafft!
Wat HE bewirkt dör arg Gewöhl,
deiht SE wat lichter mit Geföhl.
So balanzeert de Last sick ut,
sei sind op rechten Paddel liekut!

So sei ok wortlos sick verstohn,
dat Teel anstrewen voll Vertroon,
gemeensam gohn dör dünn und dick
un sick nich störn an Knick un Rick,
gifft dat för Jem keen Hindernis,
wiel ehr Bemöhen ehrlich is!

Wo't Een mit goden Willen deiht,
de eenfach Spraak to Harten geiht:
»Ick heff di leew!«, so Een dat seggt,
kumm'n beide Sieden to ehrn Recht! –
Wi beden, dat's noch lang so bleew,
daarto de HERR sien Segen geew!

Mann und Frau

Wo ein Mann sich arg bemüht,
es nur bringt mit ganzer Kraft,
zeigt die Frau, wie's auch geschieht,
dass mit Leichtigkeit sie's schafft!
ER packt zu mit fester Hand
und hat alles voll im Griff;
SIE macht's einfach, sie erfand
für die Lösung List und Pfiff! –
Jeder Mann hat seinen Stil,
wie er ein Problem angeht;
die Frau macht's mit mehr Gefühl,
weil ihr das viel besser steht! –

Wenn die Art sich auch nicht gleicht,
geht es schliesslich doch darum,
dass und wie man's Ziel erreicht
ohne Seufzen und Gebrumm!
Mit ein bischen Wagemut,
mit Geschick und Zuversicht
tut es beiden Seiten gut,
und Verstimmung gibt es nicht! –
Wichtig ist, dass jederzeit
man einander unterstützt
und zur Hilfe ist bereit,
weil's so allen Beiden nützt!

Ansichtssaak

Twee Sieden hett doch jedeen Ding:
of wertbestännig orrer ting,
of minnachtig orrer »wat dran!«, –
dat kummt just ob de Sichtwies an!

Wo't Een – »batz!« ob de Nerven geiht,
packt Annerseen de Schaadenfreud!
Mennicheen hett sien Sposs daran,
wat Een pattu nich utstohn kann! –

Wenn alle Welt een Meenen harr,
weernt eentönig un sunnerbar!
So mag dat liekers wieder gohn,
Verschilligkeet blifft doch bestohn!

Drum is de Ünnerschiedlichkeet
ok'n Spegelbild von Menschlichkeet:
Alleen de Sichtwies klor bestimmt,
of Een wat goot or övel nimmt!

==================

Fritz Reuter sorgt vör Johr und Dag
dat Lüüd sick kunnen högen:
»Wer't mag, de mag't, – un wer't nich mag,
de schall dat ok nich mögen!« – – –

… aus dem Hahn macht es »tropf-tropf« …

Weil solch ein Vergleich meist hinkt,
selten nur Erkenntnis bringt:
Auch wenn's augenfällig scheint,
ist dies bildlich nur gemeint!

Wenn ich bei der Arbeit stöhn,
frag ich: Wie mag's weitergehn?
Wird der Hahn mir zugedreht? –:
– Ich dreh'n auf, solangs's noch geht! –

Aus dem Hahn macht es »tropf-tropf«,
und bewirkt in meinem Kopf,
dass ein Reim draus resultier,
den ich mir sogleich notier!

Irgendwann im Zeitverlauf
taucht der wie'n Präsent dann auf;
wird »gehaltvoll« anerkannt:
– »Edeltropfen in Krokant«!

... Jümmer sinnig! ...

Een »veel to veel – un veel to ring,
is allemol dat sülbig Ding!«
De plattdütsch Seggwies will verkloren,
– allwiel den Middelwert to wohren! -

Das war fürwahr ein schlechter Stil,
wenn einer meint: »nur viel – hilft viel!«,
um, ohne auf's Rezept zu gucken,
– sodann doch »viel zu viel« zu schlucken!

Ein Überkluger folgt dem Spruch,
der heißt: »Genug ist nie genug!«
»Genug allein kann nie genügen!«,
– wenn's gilt, Begierde zu besiegen!

»Nur in der Ruhe liegt die Kraft!«,
mit der man auch sehr vieles schafft.
Doch ungeduldig sich gebärden,
– würde manchen Erfolg verderben! -

»Mit halv so veel« is't oftins noog:
»Dör Schaden ward de Minsch erst kloog!« –
Dorüm heet dat man kort un bünnig:
– »Jümmer heel suutje – jümmer sinnig!«

Der hat's faustdick hinter'n Ohren!

»Bohnen in den Ohren haben«,
spricht zwar nicht für Geistesgaben!
Allzu oft mag das geschehen
– und bedeutet Nichtverstehen!

Ich hör schlecht auf beiden Ohren;
so geht manches leicht verloren,
was mich dennoch sollt erreichen
– ohne äusserliches Zeichen!

Fühle mich nicht unterlegen!
Welches Mittel gibt's dagegen,
trotzdem richtig zu agieren,
– ohne etwas zu verlieren?

Solche Mängel nicht beklagen,
dabei oftmals »Jawohl« sagen,
hilft so manches Mal schon weiter,
– jedoch macht's mich kaum gescheiter! – – -

So lässt es sich nicht vermeiden,
dass bei solchem Zuhör-Leiden
altes Sprichwort wird beschworen:
»Der hat's faustdick hinter'n Ohren!« ...

Mit best Gröten!

Wat ick wünsch, is kort un klor:
»Alltied in dat tokumn Johr
mag dat jümmer good Di gohn,
– un nix in den Weg Di stohn!
Schallst Di an moii Wedder freun,
– eegen Undöög ok nich scheun!

Een Dag ohne Sünnenschien
mutt ok mol dortwüschen sien:
Kummt dat ok mol knüppeldick,
dat wohrt blots een Oogenblick!
Scheer Di eenfach nich dorum,
– denn sowat haut Di nich um!

Worüm rackerst Du Di af?
Schaffst liekveel mit Zuckeldraff!
Mit rieklich Bedachtsamkeit
wohrst Du dien Kommodigkeit!
Acht allwiel op sekern Padd!
– Noch eenmol: »Ick wünsch Di wat!«

... daar harr een Uul in seeten!«

Wat Een verspreekt mit grode Snuut
un föhrt't naher dann doch nich ut,
is sowat seker argerlich,
doch wiss nich meent as tarrerlich!
So Een kannst nich för vull bemeeten,
drum mark: »daar harr een Uul in seeten!«

Wenn Een daar meent, he schafft dat wohl;
doch dat, wat rutsuurt, weer nich doll
un keem nich so, as he sick't dacht,
de Anner grient und sogar lacht,
denn hett Een sick woll sülms anscheeten
un seggt: »daar harr een Uul in seeten!«

In Urlaub fohrn, dar freut Een sick,
aber dann keem dat schietendick:
statt Warmde un statt Sünnenscheen
piert Rismusrasmus dör de Been.
Will voreerst nix von Urlaub weeten
un meent: »daar harr een Uul in seeten!«

De Allerbest bin ick woll nicht;
wat Beteret is nicht in Sicht!

Dat klingt toerst woll allto groff
un hört sick an as Eegenloff;
as Teken von Besünnerheet
wiest dat op Overböstigkeet! –

Afsünnerlich schient so'n Begreep
– un bringt Een sülvens inne Kneep!
Dicknäsig draff Een ok nich ween,
sünst stött hei sick ann Stolpersteen! –

Doch annersrum is't mi egal:
Wat Slechtere gifft allemal! –
So kumm ick alltied best torecht:
Ick bin nicht good, ick bin nicht slecht!

Ick bleef tofreden as ick bin,
heff Grappen mennichmol inn Sinn!! –
To'n betern Kierl langt't nicht bi mi;
dat schaff förwiss ick nümmernie …

Ich bin zwar nicht der Beste, aber es gibt keinen Besseren!

Das steht zwar nicht im Horoskop!
Es zählt vielleicht als Eigenlob,
als Merkmal der Besonderheit
– und fördert so die Eitelkeit!

Denn wer sich selber so versteht,
zuleicht in die Kritik gerät!
Doch red ich selbst mir sowas ein,
könnt's Überheblichkeit schon sein!

Andererseits beruhigt's mich:
Schlechtere gibt es sicherlich!
Und damit komm ich gut zurecht:
Ich bin nicht gut, ich bin nicht schlecht!

Bin einfach nur, so wie ich bin; -
und das genügt doch – immerhin!
Zu »einem bessren« werd ich nie,
– das wär »vergeblich Liebesmüh« …

Danke!

»Es ist ein lobenswerter Brauch:
Wer Gutes kriegt, bedankt sich auch!«
So hat es BUSCH klar formuliert
und sich für's »Danke!« nicht geniert! – – –

Gebräuchlich ist das englisch »thanks!«,
gild auch als Sprachgebrauch bei Yank's!
Fr uns wenig Bedeutung bringt,
wie's russisch oder polnisch klingt! –

Auf skandinavisch heißt es »Tak!«,
und wer's eher südländisch mag,
der dankt mit »gracias« / »grazie«
oder französisch mit »merci!« –

Das griechische »efcharisto«
entspricht Lisbon's »obrigado!«
Und wer's auf niederländisch wagt,
hat »hartelijk bedankt!« gesagt. –

Auch Thomas MANN hält sich dran fest
dieweilen er im Sprachentest
als »Sinn des Lebens« hat erkannt:
»Denken und Danken sind verwandt!« – – –

Selbst GOETHE hat drob nachgedacht
und – kurzgefasst – als Reim gebracht:
»Es mag mit Worten nie recht glücken,
Dankbarkeit wahrhaft auszudrücken!« – – –

Jahres-Rückblick = Zukunfts-Aussicht

Schon wieder ist ein Jahr herum!
Man rannt sich »dusselig und dumm«
und dem Geschehen hinterher,
so, als ob man getrieben wär
und dadurch keine Ruhe fand;
obwohl die Absicht schon bestand,
jeglichem Zeitdruck widerstehn,
– alles ganz ruhig anzugehn,!

Obwohl manches erreichbar war,
gilt vorsätzlich für's neue Jahr
– so nach dem Spruch: »Lass dir doch Zeit!« –
mit Vorsicht und Besonnenheit
all das, was nötig ist, zu tun
und zwischendurch mal auszuruhn!

Jedoch, ob immer das gelingt
und auch Zufriedenheit erbringt,
das »steht auf einem andern Blatt«,
worauf man keinen Einfluss hat!

Dennoch: Ich rat euch, liebe Leut"
versucht's schon mal, am besten heut!
Sobald's Beschaulichkeit beschert,
ist solch Versuch doch sehr viel wert,
der sich wohl wiederholen lässt! – – –

Ich wünsche euch das Allerbest!
Nehmt diesen Gruß als freundlich Tipp,
– als guten Rat für'n »Alltags-Trip«!

»TSCHÜSS OK«!

Wenn Snackeree to Ennen geiht
un allens best bekakelt is,
nah Huus us blots de Sinn noch steiht,
heet dat to'n Afscheed eenfach »TSCHÜSS!«
Een Quittje kiekt us frogend an;
he stickt woll in Bekümmernis:
»Nun sagen Sie mal bester Mann!
was heißt denn das? – so einfach »TSCHÜSS!«

Denn antern wi ganz krisch un fix:
Wer hier bi us opwussen ist,
de weet darop man anners nix:
»Dat's good Di geiht, drum seggt wi »TSCHÜSS!«
As goden Wunsch kannst dat verstohn:
»Bit anner Mol – un hol Di frisch!« –
Dat meent't bi'n Utnannergohn:
»Wie sehn us woller! – Na denn: »TSCHÜSS!«

In dieser Reihe sind erschienen:

Bremer Schmunzelgeschichten
Auf gut Bremisch
Band 1
152 Seiten, 26 Illustrationen
Format 14 x 22 cm, Broschur

ISBN 978-3-95494-061-5
12,– Euro

Bremer Schmunzelgeschichten
Bremen Best !
Band 2
156 Seiten, 21 Illustrationen
Format 14 x 22 cm, Broschur

ISBN 978-3-95494-059-2
12,– Euro

Bremer Schmunzelgeschichten
Auf Neptuns Dreizack aufgespießt
Band 3
148 Seiten, 17 Illustrationen
Format 14 x 22 cm, Broschur

ISBN 978-3-95494-060-8
12,– Euro

Bremer Schmunzelgeschichten
Segg eenfach »Moiin!«
Band 4
144 Seiten, 32 Illustrationen
Format 14 x 22 cm, Broschur

ISBN 978-3-95494-063-9
12,– Euro

Weitere maritime Titel in Vorbereitung ...

Maritime Editionen für Shiplover!

Edition Falkenberg
www.edition-falkenberg.de

Der Autor

Ernst B. R. Dünnbier (Jahrgang 1921) ist »mit Weserwasser getaufter Tagenbarer«, hat sein Berufsleben als Einzelhandelskaufmann begonnen und wechselte dann vom Export über ins Schifffahrtsfach. In 34 Jahren Reedereitätigkeit im Stadtbüro und im Hafen, aufReisen und in der Personalbetreuung als Flottenbeauftragter hat er mit großem Interesse sehr viele Begebenheiten aus Seefahrt und Hafenbetrieb eifrig notiert, häufig interpretiert und freudig glossiert. Aus seinen Berichten, Vorträgen, Autorenlesungen und Rundfunksendungen ist diese Auswahl entnommen mit dem steten Wunsch: »Einer Seefahrt froh Gelingen«.

Die Illustratorin

Margret Rink (eben 70) ist »een reinroggen opwussen Neestädter Deern«, startete ihr Berufsleben als gelernte Bürokauffrau und ist »nebenbei und überhaupt« ausgebildete Volksschauspielerin und voll engagierte Plattdeutsche. Ihr Hobby sind Zeichnen und Theater. So stellt sie in beider Hinsicht gern Originale vor und Typen dar, und sie liebt es besonders, dabei Bremer Eigenheiten sichtbaren Ausdruck zu verleihen, so u.a. auch als meisterliche Krabbenpulexpertin, denn dazu gehören neben dem allzeit flotten Mundwerk auch ebenso flinke Finger, »denn flutscht dat ok«!